DIE GROSSE TRANSFORMATION

KLIMA — KRIEGEN WIR DIE KURVE?

Idee und Konzept:
Alexandra Hamann, Claudia Zea-Schmidt,
Reinhold Leinfelder

Szenarien:
Alexandra Hamann und Claudia Zea-Schmidt

Wissenschaftliche Beratung:
Reinhold Leinfelder

Grafik:
Jörg Hartmann, Jörg Hülsmann,
Robert Nippoldt, Studio Nippoldt, Iris Ugurel

Jacoby & Stuart

Dieses Projekt wäre nicht möglich gewesen ohne die großzügige
Hilfsbereitschaft und ehrenamtliche Mitarbeit der Mitglieder des Wissenschaftlichen Beirats
der Bundesregierung Globale Umweltveränderungen (WBGU).

Der Prolog wurde von Iris Ugurel (Berlin) gezeichnet.

Hans Joachim Schellnhuber, Dirk Messner und Renate Schubert wurden von
Robert Nippoldt (Münster) gezeichnet.

Reinhold Leinfelder, Jürgen Schmid und Sabine Schlacke wurden von
Jörg Hülsmann (Berlin) gezeichnet.

Stefan Rahmstorf, Nebojša Nakićenović und Claus Leggewie sowie das fulminante Finale wurden von
Jörg Hartmann (Münster) gezeichnet.

Die Covergrafik ist das Werk von Studio Nippoldt
(Astrid Nippoldt, Christine Goppel und Robert Nippoldt).

Dieses Projekt wurde gefördert vom Bundesministerium für Bildung und Forschung im Rahmen des
Wissenschaftsjahres 2012 – Zukunftsprojekt ERDE. Es basiert auf der 2011 vom WBGU veröffentlichten
Studie *Welt im Wandel. Gesellschaftsvertrag für eine Große Transformation.*

GEFÖRDERT VOM

Bundesministerium
für Bildung
und Forschung

Wissenschaftsjahr 2012
Zukunftsprojekt
ERDE

Eine Initiative des Bundesministeriums
für Bildung und Forschung

WBGU
Wissenschaftlicher Beirat der Bundesregierung
Globale Umweltveränderungen

MIX
Papier
FSC FSC® C111592

Dies Buch ist
auf Papier gedruckt,
für das nur Holz aus nachhaltiger
Forstwirtschaft verwendet wurde.

2. Auflage
© 2013 Verlagshaus Jacoby & Stuart, Berlin
Alle Rechte vorbehalten
Druck und Bindung: Just Colour Graphic, S.L.
Printed in Spain

ISBN 978-3-941087-23-1

www.jacobystuart.de

Inhalt

PROLOG

PRÄKAMBRIUM, VOR CA. DREI MILLIARDEN JAHREN

LEBENDE GESTEINE: HEUTIGE STROMATHOLITEN IN DER SHARK BAY IN WEST-AUSTRALIEN. IM PRÄKAMBRIUM WAREN SIE WELTWEIT VERBREITET.

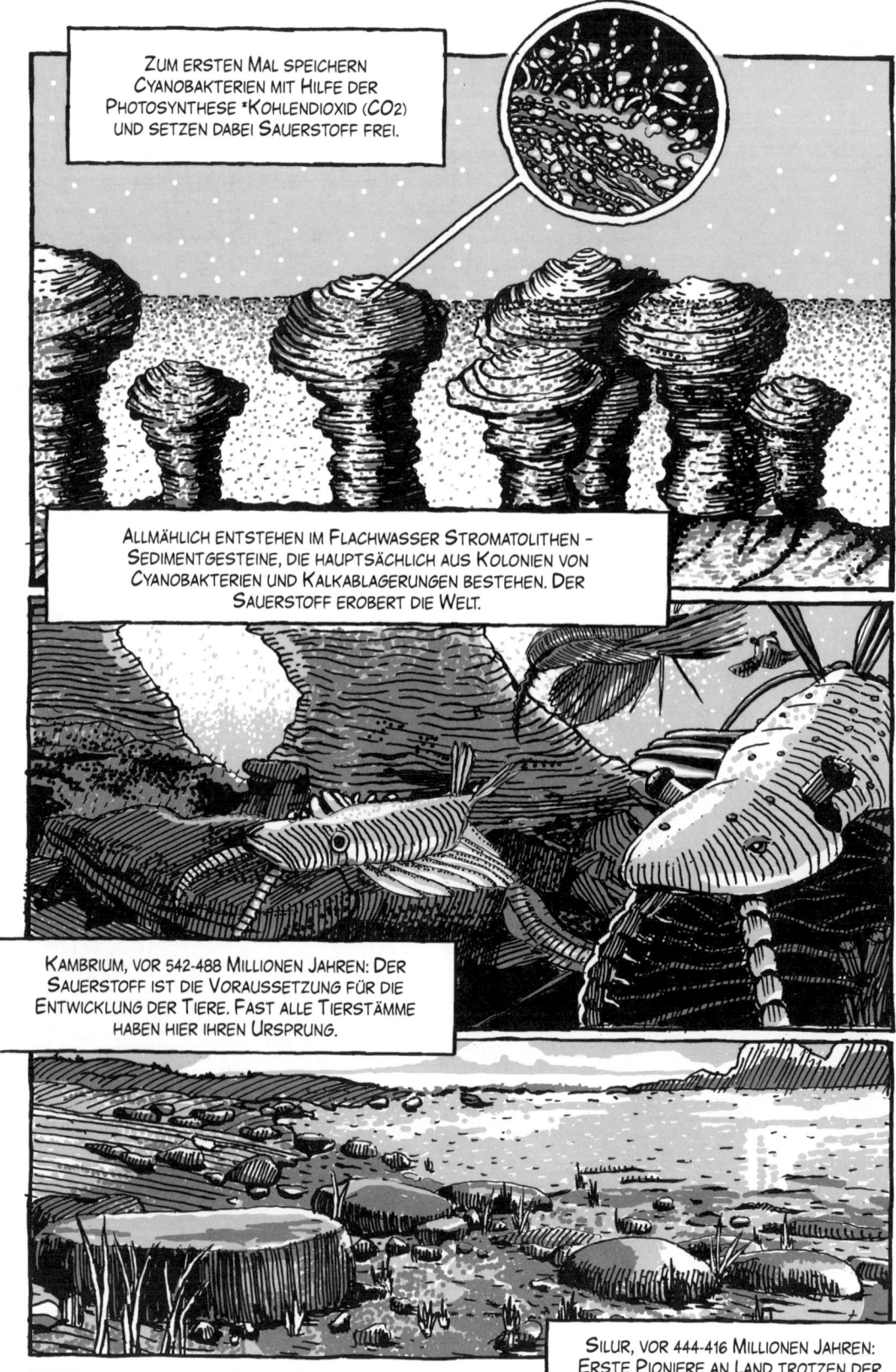

ZUM ERSTEN MAL SPEICHERN CYANOBAKTERIEN MIT HILFE DER PHOTOSYNTHESE *KOHLENDIOXID (CO_2) UND SETZEN DABEI SAUERSTOFF FREI.

ALLMÄHLICH ENTSTEHEN IM FLACHWASSER STROMATOLITHEN – SEDIMENTGESTEINE, DIE HAUPTSÄCHLICH AUS KOLONIEN VON CYANOBAKTERIEN UND KALKABLAGERUNGEN BESTEHEN. DER SAUERSTOFF EROBERT DIE WELT.

KAMBRIUM, VOR 542-488 MILLIONEN JAHREN: DER SAUERSTOFF IST DIE VORAUSSETZUNG FÜR DIE ENTWICKLUNG DER TIERE. FAST ALLE TIERSTÄMME HABEN HIER IHREN URSPRUNG.

SILUR, VOR 444-416 MILLIONEN JAHREN: ERSTE PIONIERE AN LAND TROTZEN DER GEFÄHRLICHEN UV-STRAHLUNG.

* MIT *STERNCHEN GEKENNZEICHNETE NAMEN UND BEGRIFFE WERDEN IM GLOSSAR ERKLÄRT.

6

DEVON, VOR 416-359 MILLIONEN JAHREN: NACH GLIEDERFÜSSERN, WEICHTIEREN UND PFLANZEN WAGEN DIE FISCHE DEN LANDGANG.

KARBON, VOR 359-299 MILLIONEN JAHREN: WÄLDER MIT BIS ZU 40 METER HOHEN BÄRLAPPGEWÄCHSEN BEDECKEN DIE ERDE.

SEIT DIESER ZEIT ENTSTEHT DURCH HITZE UND DRUCK AUS ABGESTORBENEN WÄLDERN KOHLE. DER IN DEN PFLANZEN GEBUNDENE *KOHLENSTOFF WIRD IN DER ERDE GESPEICHERT.

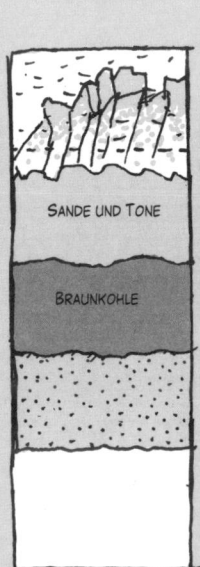

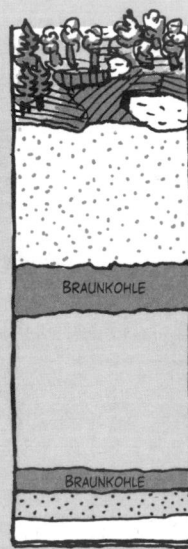

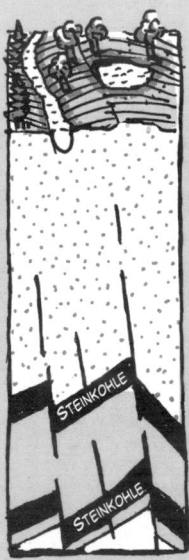

IM SUMPF VERSUNKENE PFLANZEN WERDEN UNTER LUFTABSCHLUSS ZU TORF.

WENN DAS MEER DEN SUMPF ÜBERFLUTET, BEDECKEN SEDIMENTE DIESE TORFSCHICHTEN.

BEI WACHSENDEM DRUCK UND STEIGENDER TEMPERATUR ENTSTEHT SO ZUNÄCHST BRAUNKOHLE.

JE MEHR SCHICHTEN SICH ABLAGERN, DESTO MEHR WASSER WIRD AUS DER BRAUNKOHLE GEPRESST.

NACH UND NACH WIRD AUS DER BRAUNKOHLE DIE STEINKOHLE, DIE WIR HEUTE NOCH ABBAUEN.

PARALLEL DAZU BILDEN SICH AM MEERESGRUND UNTER ABWESENHEIT VON SAUERSTOFF AUS ABGESTORBENEN MEERESORGANISMEN WIE PLANKTON UND ALGEN ERDÖL UND ERDGAS.

KLEINSTLEBEWESEN SINKEN ZU BODEN.

SEDIMENTE LAGERN SICH AB. ANAEROBE BAKTERIEN VERWANDELN DIE RESTE DER KLEINSTLEBEWESEN IN BITUMEN, EINE VORSTUFE VON ERDÖL.

DURCH HOHEN DRUCK UND HOHE TEMPERATUR ENTSTEHEN SCHLIESSLICH ERDÖL UND ERDGAS, DIE SICH IN SOGENANNTEN SPEICHERGESTEINEN SAMMELN.

JURA, VOR 200-145 MILLIONEN JAHREN: TIERE UND PFLANZEN HABEN SICH IN IMMER GRÖSSER WERDENDER VIELFALT ENTWICKELT – BIS HIN ZU HAUSHOHEN DINOSAURIERN.

KREIDE, VOR 145-65 MILLIONEN JAHREN: AUFKOMMEN DER BLÜTENPFLANZEN

TERTIÄR, VOR CA. 65-2,6 MILLIONEN JAHREN: AM ÜBERGANG VON DER KREIDEZEIT ZUM TERTIÄR STERBEN RUND DIE HÄLFTE ALLER TIERARTEN AUF DER ERDE AUS.

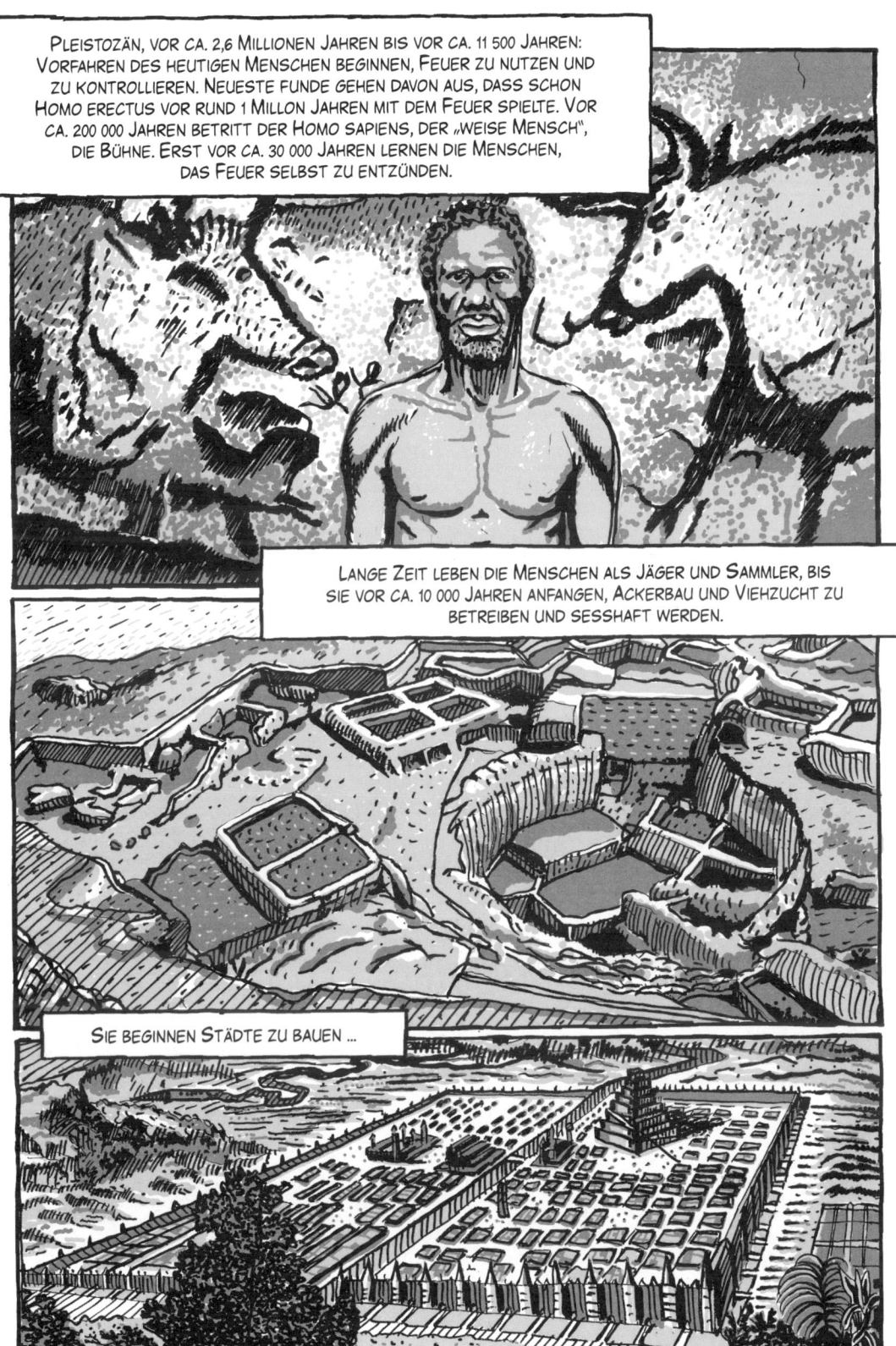

PLEISTOZÄN, VOR CA. 2,6 MILLIONEN JAHREN BIS VOR CA. 11 500 JAHREN: VORFAHREN DES HEUTIGEN MENSCHEN BEGINNEN, FEUER ZU NUTZEN UND ZU KONTROLLIEREN. NEUESTE FUNDE GEHEN DAVON AUS, DASS SCHON HOMO ERECTUS VOR RUND 1 MILLON JAHREN MIT DEM FEUER SPIELTE. VOR CA. 200 000 JAHREN BETRITT DER HOMO SAPIENS, DER „WEISE MENSCH", DIE BÜHNE. ERST VOR CA. 30 000 JAHREN LERNEN DIE MENSCHEN, DAS FEUER SELBST ZU ENTZÜNDEN.

LANGE ZEIT LEBEN DIE MENSCHEN ALS JÄGER UND SAMMLER, BIS SIE VOR CA. 10 000 JAHREN ANFANGEN, ACKERBAU UND VIEHZUCHT ZU BETREIBEN UND SESSHAFT WERDEN.

SIE BEGINNEN STÄDTE ZU BAUEN …

... UND MUSKELKRAFT GEGEN MASCHINEN AUSZUTAUSCHEN.

MITTE DES 18. JAHRHUNDERTS BEGINNT DAS ZEITALTER DER INDUSTRIALISIERUNG.

UND MIT IHR STEIGT DER BEDARF AN ENERGIE.

BEI DER ENERGIEGEWINNUNG VERBRENNT DER MENSCH DEN IN KOHLE, ERDÖL UND ERDGAS EINGELAGERTEN FOSSILEN KOHLENSTOFF MIT HILFE VON SAUERSTOFF ZU CO_2.

DAS FREIGEWORDENE CO_2 WIRD DEM NATÜRLICHEN CO_2 IN DER ATMOSPHÄRE HINZUGEFÜGT UND BEDINGT SO DEN MENSCHENGEMACHTEN TREIBHAUSEFFEKT: DAS WELTKLIMA ERWÄRMT SICH.

KAPITEL 1

WARUM WIR UNS TRANSFORMIEREN MÜSSEN

PROF. DR. DR. H. C. HANS JOACHIM SCHELLNHUBER IST DIREKTOR DES *POTSDAM-INSTITUTS FÜR KLIMAFOLGENFORSCHUNG (PIK), EXTERNAL PROFESSOR AM *SANTA FE INSTITUTE UND AUFSICHTSRATSVORSITZENDER DES *CLIMATE-KIC. AUSSERDEM IST ER VORSITZENDER DES *WBGU.

POTSDAM, TELEGRAFENBERG, WISSENSCHAFTSPARK ALBERT EINSTEIN

SEIT DER INDUSTRIALISIERUNG HAT DAS AUSMASS DER VOM MENSCHEN VERURSACHTEN UMWELTVERÄNDERUNGEN EINE NEUE GRÖSSENORDNUNG ERREICHT.

DAMALS GAB ES ETWA EINE MILLIARDE MENSCHEN AUF DER ERDE. HEUTE SIND ES 7 MILLIARDEN, UND 2050 WERDEN RUND 9 MILLIARDEN MENSCHEN DIESEN PLANETEN BEWOHNEN.

DER WEG ZU SEINEM ARBEITSPLATZ FÜHRT JOHN SCHELLNHUBER AM BERÜHMTEN EINSTEINTURM VORBEI.

VIELE BEREICHE UNSERER UMWELT ZEIGEN KRISENHAFTE ENTWICKLUNGEN.

BÖDEN, SÜSSWASSER-RESSOURCEN, WÄLDER UND MEERE SIND ÜBERNUTZT ODER WERDEN ZERSTÖRT.

DIE BIOLOGISCHE VIELFALT, ALSO DIE BIODIVERSITÄT, NIMMT DRAMATISCH AB.

UND DIE EINWIRKUNG DES MENSCHEN AUF WICHTIGE CHEMISCHE PROZESSE WIE DEN *KOHLENSTOFFKREISLAUF IST ENORM.

15

DIE FÄHIGKEIT DES ERDSYSTEMS, DER MENSCHLICHEN
ZIVILISATION WEITERHIN DIE STABILE LEBENSGRUNDLAGE
ZU BIETEN, DIE IHR ENTSTEHEN ERST
ERMÖGLICHT HAT, STEHT AUF DEM SPIEL.

WENN WIR „DIE KURVE NICHT
KRIEGEN", KOLLIDIEREN WIR MIT DEN
*PLANETARISCHEN LEITPLANKEN.

Quelle: Rockström et al. 2009

FÜR SOLCH GRUNDLEGENDE VERÄNDERUNGSPROZESSE BENÖTIGT MAN VOR ALLEM KREATIVITÄT UND INNOVATION. UND EINE WELTGESELLSCHAFT, GETRAGEN VON WELTBÜRGERN, DIE DIE LÖSUNG DER PROBLEME VORANTREIBT, DIE VON EINZELSTAATEN NICHT BEWÄLTIGT WERDEN KÖNNEN.

FÜR DIESE WELTGESELLSCHAFT VON MORGEN MUSS GENAU WIE FÜR DIE NATIONALEN GESELLSCHAFTEN VON HEUTE GELTEN, DASS SIE DIE RECHTE ZUKÜNFTIGER GENERATIONEN EBENFALLS BERÜCKSICHTIGT. IN MEINEN VORTRÄGEN STELLE ICH IMMER DREI FRAGEN:

GLAUBEN SIE, DASS ES IHNEN HEUTE BESSER GEHT ALS DAMALS IHREN GROSSELTERN?

GLAUBEN SIE, DASS ES IHREN ENKELN BESSER GEHEN WIRD ALS IHNEN JETZT?

FINDEN SIE DAS IN ORDNUNG?

21

WEIL JEMAND FÜR DIE KÜNFTIGEN GENERATIONEN SPRECHEN MUSS, HABE ICH MEHRFACH VORGESCHLAGEN, OMBUDSLEUTE EINZUSETZEN, DIE DIEJENIGEN IM BUNDESTAG VERTRETEN, DIE JETZT NOCH KEINE STIMME HABEN KÖNNEN. DAS WÄRE EINE ERWEITERUNG DER DEMOKRATIE.

DIE VERGANGENHEIT ZEIGT, DASS MENSCHEN UND GANZE KULTUREN SICH ÄNDERN KÖNNEN: VOR ETWA 11 000 JAHREN BEGANNEN DIE MENSCHEN ...

... ACKERBAU UND VIEHZUCHT ZU BETREIBEN UND WANDELTEN SICH VON EINER NOMADISCHEN IN EINE SESSHAFTE GESELLSCHAFT. DAS WURDE AUCH DESHALB MÖGLICH, WEIL DAS KLIMA SICH STABILISIERT HATTE UND VON NUN AN EINE VERLÄSSLICHE GRÖSSE DARSTELLTE.

STEINZEIT

NEOLITHIKUM VOR ETWA 11 000 JAHREN

22

KAPITEL 2

DIE ERDE IN DER MENSCHENZEIT

PROF. DR. REINHOLD LEINFELDER IST GEOLOGE UND PALÄONTOLOGE MIT DEM SCHWERPUNKT GEOBIOLOGIE, ANTHROPOZÄNFORSCHUNG UND WISSENSKOMMUNIKATION. ER ARBEITET AN DER FREIEN UNIVERSITÄT BERLIN UND AM *RACHEL CARSON CENTER MÜNCHEN.

REINHOLD LEINFELDER IST AUF DEM WEG NACH FRANKFURT.

NUN BRAUCHEN WIR EINE DRITTE GROSSE REVOLUTION – DIE *GROSSE GESELLSCHAFTLICHE TRANSFORMATION.

DIE VOM MENSCHEN VERURSACHTE WIRKUNG AUF DAS ERDSYSTEM HAT SOLCH GEWALTIGE AUSMASSE ANGENOMMEN, DASS VIELE WISSENSCHAFTLER DEN VORSCHLAG VON NOBELPREISTRÄGER PAUL CRUTZEN UNTERSTÜTZEN, DIE INDUSTRIELLE GEGENWART ALS NEUE ERDGESCHICHTLICHE EPOCHE ANZUSEHEN ...

PAUL CRUTZEN

... ALS *ANTHROPOZÄN, DAS ZEITALTER DES MENSCHEN.

25

SEIT JAHRTAUSENDEN HABEN MENSCHEN GEGEN DIE SUPERMACHT, DIE WIR NATUR NENNEN, REBELLIERT.

IM 19. UND 20. JAHRHUNDERT HABEN NEUE TECHNOLOGIEN, FOSSILE ENERGIETRÄGER UND EINE SCHNELL WACHSENDE BEVÖLKERUNG ZU GROSSEN VERÄNDERUNGEN IM ERDSYSTEM GEFÜHRT.

WIR HABEN DIE KONTROLLE ÜBER DAS REICH DER NATUR, VOM KLIMA ÜBER DIE UMWELT BIS HIN ZUR DNA, ÜBERNOMMEN.

MATSCHIGE FRÜCHTE

"ANTI-MATSCH-GEN"

HALTBARE FRÜCHTE

STATT IN „BIOMEN", ALSO IN NATÜRLICHEN LEBENSRÄUMEN, ...

... LEBEN WIR HEUTE IN „ANTHROMEN", IN MENSCHENGEMACHTEN KULTURLANDSCHAFTEN.

28

DIE AUSWEITUNG DER ANBAUFLÄCHEN DURCH ABHOLZUNG UND DIE ÜBERWEIDUNG FÜHREN ZU EINER VERSCHLECHTERUNG DES BODENS. DURCH EROSION VERLIEREN WIR JÄHRLICH BIS ZU 24 MILLIONEN TONNEN OBERFLÄCHENBODEN – DEN BODEN EINER FLÄCHE SO GROSS WIE DIE SCHWEIZ –, UND DAS IST IRREVERSIBEL.

*VERSALZUNG UND *DESERTIFIKATION SIND WEITERE FOLGEN DER ÜBERNUTZUNG. IN CHINA IST DAS PROBLEM AUGENFÄLLIG GEWORDEN. MEHRMALS IM JAHR GIBT ES IN PEKING ALARM WEGEN DROHENDER ATEMPROBLEME, WENN EIN STURM WÜSTENSAND AUS DEM NORDEN IN DIE STADT WEHT.

DIE VERWÜSTUNG GROSSER LANDSTRICHE HATTE DORT SOLCHE AUSMASSE ANGENOMMEN, DASS DIE REGIERUNG 1970 EIN GIGANTISCHES AUFFORSTUNGSPROJEKT GESTARTET HAT.

IN INSGESAMT 13 PROVINZEN WIRD EIN WALDGÜRTEL VON FAST 4500 KM LÄNGE ANGELEGT. IN KNAPP 80 JAHREN SOLLEN SO 35 MILLIONEN HEKTAR WALD AUFGEFORSTET WERDEN. DAS IST EINE FLÄCHE SO GROSS WIE DEUTSCHLAND.

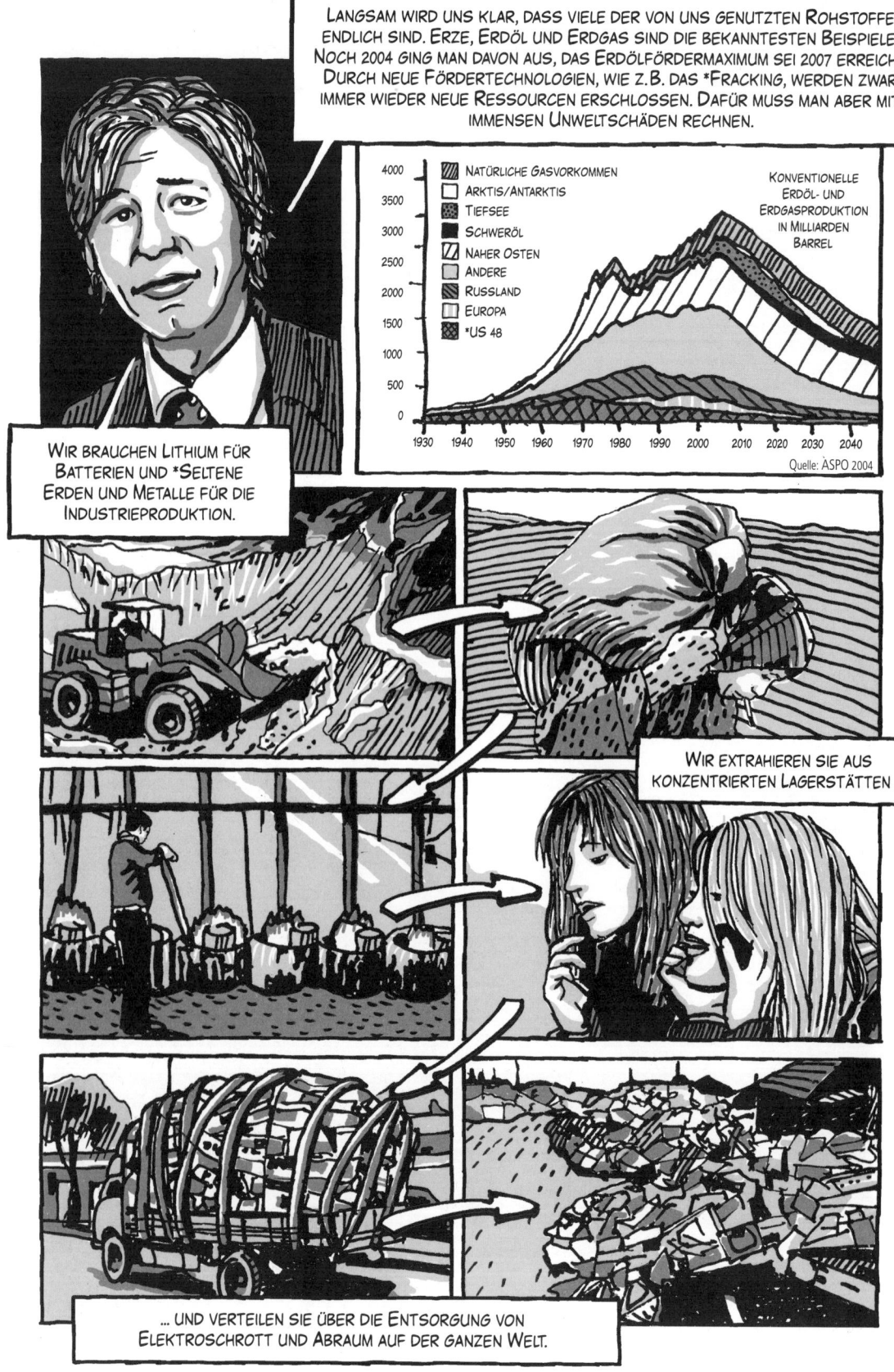

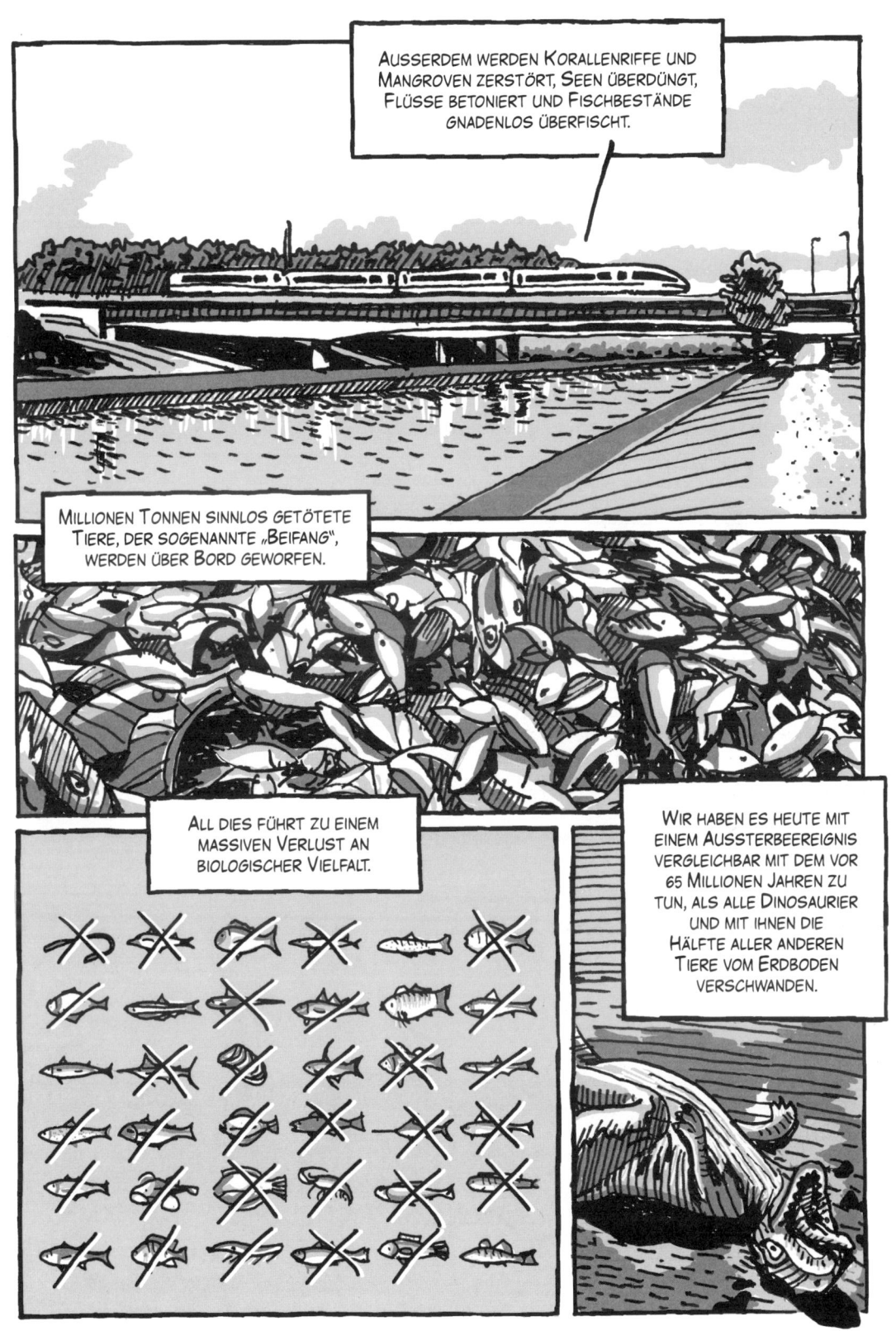

FRANKFURT
→ PANAMA

DAS THEMA WASSER WIRD UNS ABER NOCH IN ANDERER FORM BESCHÄFTIGEN, DENN ES WIRD NICHT NUR KNAPPER, SONDERN AUCH DURCH INDUSTRIE, LANDWIRTSCHAFT UND PRIVATE HAUSHALTE VERSCHMUTZT.

GERINGE ODER KEINE WASSERKNAPPHEIT

SICH ANBAHNENDE PHYSISCHE WASSERKNAPPHEIT

PHYSISCHE WASSERKNAPPHEIT

WIRTSCHAFTLICHE WASSERKNAPPHEIT

KEINE DATEN VORLIEGEND

EIN DRITTEL DER MENSCHHEIT IST VON *WASSERKNAPPHEIT BETROFFEN, UND ETWA 800 MILLIONEN MENSCHEN HABEN KEINEN ZUGANG ZU SAUBEREM WASSER ...

Quelle: UNESCO 2009

... ANDERE HINGEGEN BADEN IM ÜBERFLUSS.

WIE TODESZONEN ENTSTEHEN

HITZE

SÜSSWASSER

SALZWASSER

SAUERSTOFF

LEBENDE ORGANISMEN

DIE ERWÄRMUNG DES MEERES FÜHRT ZU EINER STABILEN WASSERSCHICHTUNG, DIE VERHINDERT, DASS SAUERSTOFF AUS DER LUFT IN TIEFERE MEERESREGIONEN GELANGT. WARMES SÜSSWASSER AUS FLUSSMÜNDUNGEN VERSTÄRKT DIESEN EFFEKT.

ALGENBLÜTE

SÜSSWASSER

SALZWASSER

TOTE ALGEN

STICKSTOFF UND PHOSPHOR AUS DÜNGEMITTELN UND ABWÄSSERN VERURSACHEN STARKES ALGENWACHSTUM. TOTE ALGEN SINKEN AB UND WERDEN ZERSETZT. DADURCH WIRD DER SAUERSTOFF AUCH IN TIEFEREN SCHICHTEN VERBRAUCHT.

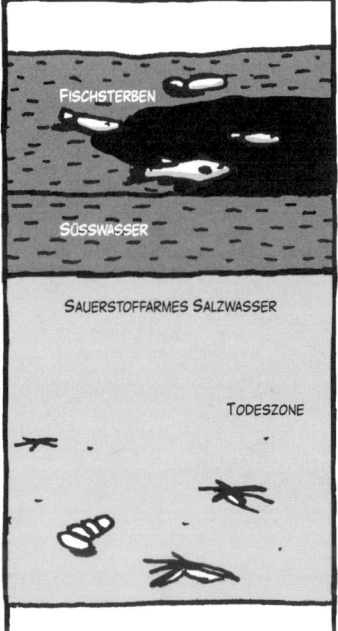

FISCHSTERBEN

SÜSSWASSER

SAUERSTOFFARMES SALZWASSER

TODESZONE

DER SAUERSTOFF WIRD KOMPLETT VERBRAUCHT – ES ENTSTEHEN TODESZONEN, IN DENEN FISCHE UND KLEINSTLEBEWESEN MASSENWEISE VERENDEN.

Quelle: The Times Picayune 2007

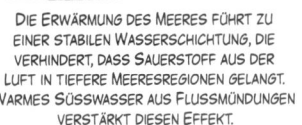

TODESZONEN IN EUROPA

STICKSTOFFDÜNGER UND PHOSPHAT – UNVERZICHTBAR FÜR DIE NAHRUNGSMITTELPRODUKTION – BELASTEN UNSERE ÖKOSYSTEME IMMENS. FAST DIE HÄLFTE DAVON LANDET IM MEER UND FÜHRT DORT ZUR ENTSTEHUNG SAUERSTOFFARMER TODESZONEN, DIE FÜR DIE MEISTEN LEBEWESEN UNBEWOHNBAR SIND. EINE DER GRÖSSTEN UNTERWASSERWÜSTEN FINDET MAN IN DER OSTSEE.

GLOBALE UMWELTVERÄNDERUNGEN KÖNNEN SICH GEGENSEITIG VERSTÄRKEN ODER ABSCHWÄCHEN. BEI DEN MEISTEN WECHSELWIRKUNGEN HANDELT ES SICH ABER UM VERSTÄRKENDE EFFEKTE. DADURCH WERDEN SPRUNGHAFTE, NICHT LINEARE VERÄNDERUNGEN WESENTLICHER MERKMALE DES SYSTEMS ERDE AUSGELÖST.

Quelle: Nasa / Earth Observatory 2008

BOCAS DEL TORO, PANAMA

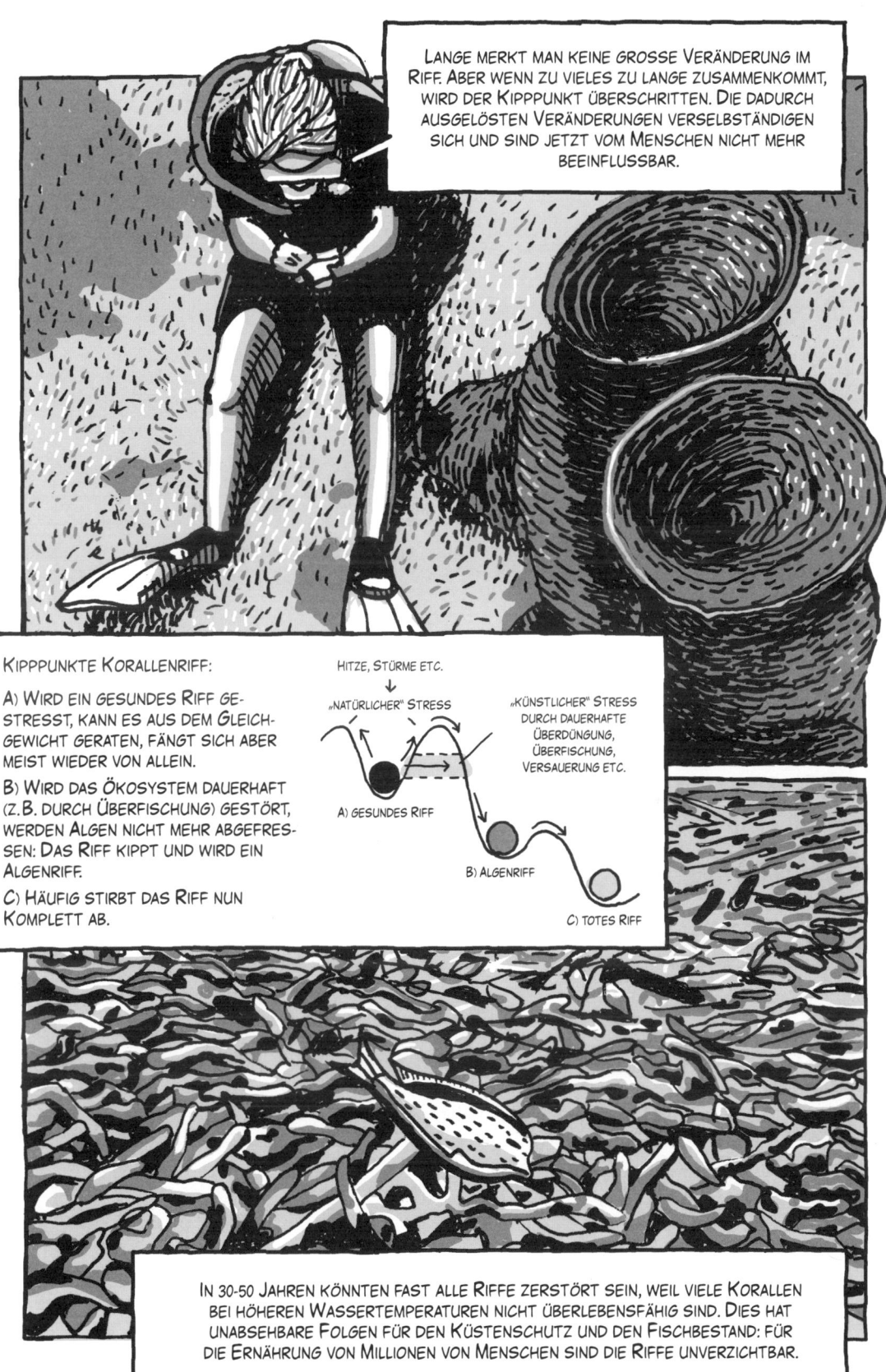

LANGE MERKT MAN KEINE GROSSE VERÄNDERUNG IM RIFF. ABER WENN ZU VIELES ZU LANGE ZUSAMMENKOMMT, WIRD DER KIPPPUNKT ÜBERSCHRITTEN. DIE DADURCH AUSGELÖSTEN VERÄNDERUNGEN VERSELBSTÄNDIGEN SICH UND SIND JETZT VOM MENSCHEN NICHT MEHR BEEINFLUSSBAR.

KIPPPUNKTE KORALLENRIFF:

A) WIRD EIN GESUNDES RIFF GE-STRESST, KANN ES AUS DEM GLEICH-GEWICHT GERATEN, FÄNGT SICH ABER MEIST WIEDER VON ALLEIN.

B) WIRD DAS ÖKOSYSTEM DAUERHAFT (Z.B. DURCH ÜBERFISCHUNG) GESTÖRT, WERDEN ALGEN NICHT MEHR ABGEFRES-SEN: DAS RIFF KIPPT UND WIRD EIN ALGENRIFF.

C) HÄUFIG STIRBT DAS RIFF NUN KOMPLETT AB.

HITZE, STÜRME ETC.

„NATÜRLICHER" STRESS

„KÜNSTLICHER" STRESS DURCH DAUERHAFTE ÜBERDÜNGUNG, ÜBERFISCHUNG, VERSAUERUNG ETC.

A) GESUNDES RIFF

B) ALGENRIFF

C) TOTES RIFF

IN 30-50 JAHREN KÖNNTEN FAST ALLE RIFFE ZERSTÖRT SEIN, WEIL VIELE KORALLEN BEI HÖHEREN WASSERTEMPERATUREN NICHT ÜBERLEBENSFÄHIG SIND. DIES HAT UNABSEHBARE FOLGEN FÜR DEN KÜSTENSCHUTZ UND DEN FISCHBESTAND: FÜR DIE ERNÄHRUNG VON MILLIONEN VON MENSCHEN SIND DIE RIFFE UNVERZICHTBAR.

KAPITEL 3

HEISSE SACHE: KLIMAWANDEL

PROF. DR. STEFAN RAHMSTORF LEHRT PHYSIK DER OZEANE AN DER UNIVERSITÄT POTSDAM UND LEITET DIE ABTEILUNG ERDSYSTEMANALYSE AM POTSDAM-INSTITUT FÜR KLIMAFOLGENFORSCHUNG. SEIN FORSCHUNGSSCHWERPUNKT IST DIE ROLLE DER OZEANE BEI KLIMAÄNDERUNGEN.

DAS FORSCHUNGSSCHIFF STANLEY R. RIGGS LIEGT IN DER LAGUNE DER OUTER BANKS IN DER NÄHE VON NAG'S HEAD, NORTH CAROLINA/USA.

NAG'S HEAD

PAZIFIK

NORTH CAROLINA

ATLANTIK

FÜR DEN GLOBALEN TEMPERATURANSTIEG, MIT DEM WIR ES HEUTE ZU TUN HABEN, IST DER MENSCH VERANTWORTLICH. IN ERSTER LINIE DURCH DIE NUTZUNG FOSSILER BRENNSTOFFE, IN ZWEITER LINIE DURCH DIE ABHOLZUNG VON WÄLDERN.

STEFAN RAHMSTORF UNTERSUCHT ANHAND VON BODENPROBEN AUS EINER MEHRERE METER DICKEN TORFSCHICHT, WIE SICH DER MEERESSPIEGEL IN DEN LETZTEN JAHRTAUSENDEN VERÄNDERT HAT.

East Carolina University

R/V Stanley R. Riggs

ÜBER DIE GRUNDLEGENDEN ZAHLEN UND FAKTEN DES MENSCHENGEMACHTEN GLOBALEN KLIMAWANDELS GIBT ES EINEN WISSENSCHAFTLICHEN KONSENS, DER POLITISCH MITTLERWEILE AUF ALLEN EBENEN AKZEPTIERT WIRD.

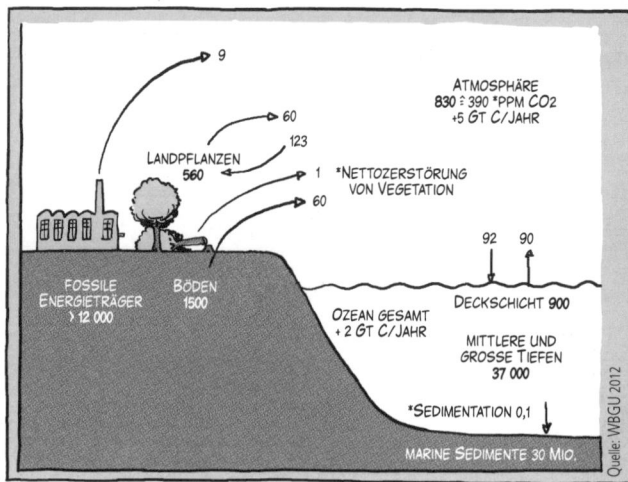

ATMOSPHÄRE
830 ÷ 390 *PPM CO_2
+5 GT C/JAHR

9

60

123

LANDPFLANZEN
560

1   *NETTOZERSTÖRUNG
VON VEGETATION

60

92   90

FOSSILE
ENERGIETRÄGER
> 12 000

BÖDEN
1500

DECKSCHICHT 900

OZEAN GESAMT
+ 2 GT C/JAHR

MITTLERE UND
GROSSE TIEFEN
37 000

*SEDIMENTATION 0,1

MARINE SEDIMENTE 30 MIO.

Quelle: WBGU 2012

OHNE EINGRIFF DES MENSCHEN
IST DER *KOHLENSTOFFKREISLAUF
IM GLEICHGEWICHT. DURCH
DIE NUTZUNG FOSSILER
BRENNSTOFFE ERHÖHT
SICH JEDOCH DIE MENGE AN
ATMOSPHÄRISCHEM KOHLENSTOFF
UM 5 GIGATONNEN PRO JAHR

DIE KONZENTRATION VON CO_2 IN DER ATMOSPHÄRE
IST SEIT CA. 1850 STARK ANGESTIEGEN, VON DEM
FÜR WARMZEITEN TYPISCHEN WERT VON 280 PPM
AUF INZWISCHEN ÜBER 390 PPM. CO_2 IST EIN
KLIMAWIRKSAMES GAS. JE HÖHER SEINE KONZENTRATION
IN DER ATMOSPHÄRE IST, DESTO STÄRKER ERHÖHEN SICH
DIE OBERFLÄCHENNAHEN TEMPERATUREN. VERDOPPELT
SICH DER CO_2-GEHALT IN DER LUFT, STEIGT DIE GLOBALE
MITTELTEMPERATUR UM 2–4 °C AN.

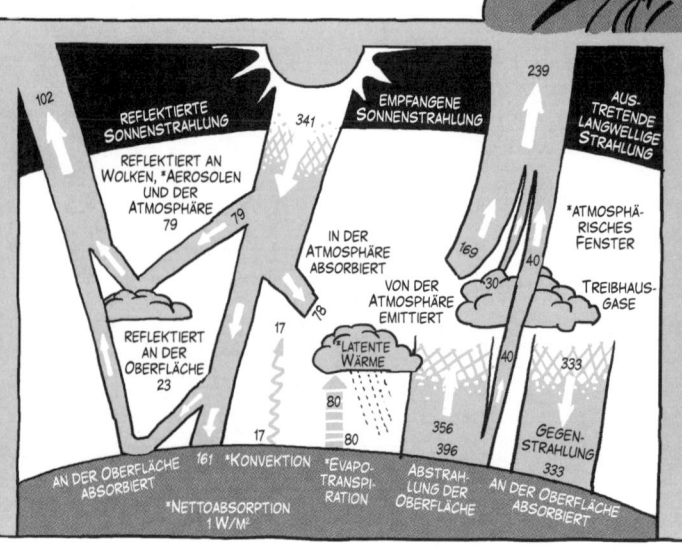

102

REFLEKTIERTE
SONNENSTRAHLUNG

341

EMPFANGENE
SONNENSTRAHLUNG

239

AUS-
TRETENDE
LANGWELLIGE
STRAHLUNG

REFLEKTIERT AN
WOLKEN, *AEROSOLEN
UND DER
ATMOSPHÄRE
79

79

IN DER
ATMOSPHÄRE
ABSORBIERT

78

*ATMOSPHÄ-
RISCHES
FENSTER

169

40

30

TREIBHAUS-
GASE

VON DER
ATMOSPHÄRE
EMITTIERT

17

REFLEKTIERT
AN DER
OBERFLÄCHE
23

*LATENTE
WÄRME

40

333

17

80

356
396

80

GEGEN-
STRAHLUNG
333

AN DER OBERFLÄCHE
ABSORBIERT

161   *KONVEKTION

*EVAPO-
TRANSPI-
RATION

ABSTRAH-
LUNG DER
OBERFLÄCHE

AN DER OBERFLÄCHE
ABSORBIERT

*NETTOABSORPTION
1 W/M²

SONNENLICHT STRAHLT AUF DIE
ERDE.

EIN DRITTEL WIRD REFLEKTIERT,
DER REST IN DER ATMOSPHÄRE
UND AN DER ERDOBERFLÄCHE IN
WÄRME UMGEWANDELT.

DIE ERDE KANN WÄRME NUR DURCH
ABSTRAHLUNG INS ALL WIEDER
LOSWERDEN.

WEGEN DER TREIBHAUSGASE IST
DIE ATMOSPHÄRE FÜR LANGWELLIGE
WÄRMESTRAHLUNG ABER NICHT
DURCHLÄSSIG. EIN GROSSTEIL
DER ABSTRAHLUNG VON DER
OBERFLÄCHE WIRD ABGEFANGEN
UND ZURÜCKGESTRAHLT.

GLOBALE ENERGIEFLÜSSE UND DER TREIBHAUSEFFEKT, ANGABEN IN WATT/M²

Daten: IPCC 2007

WENN SICH NICHT BALD ETWAS ÄNDERT, RECHNEN WIR FÜR DIE NÄCHSTEN 100 JAHRE MIT EINEM DURCHSCHNITTLICHEN TEMPERATURANSTIEG VON 4–7 °C.

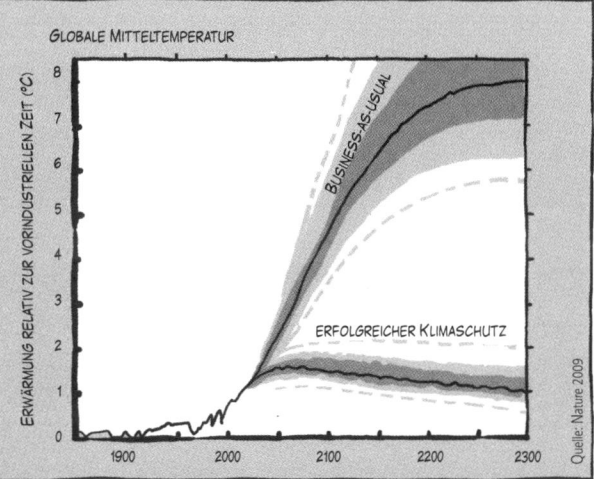

DURCH KONSEQUENTE KLIMASCHUTZMASSNAHMEN KÖNNTEN WIR DIE ERWÄRMUNG UNTER 2 °C HALTEN. ABER NUR, WENN WIR SOFORT DAMIT BEGINNEN.

ZUM VERGLEICH: DIE LETZTE GROSSE GLOBALE ERWÄRMUNG FAND ENDE DER LETZTEN EISZEIT VOR UNGEFÄHR 15 000 JAHREN STATT. ÜBER EINEN ZEITRAUM VON 5000 JAHREN STIEG DIE GLOBALE TEMPERATUR UM ETWA 5 °C. EINE UNBEGRENZTE MENSCHENGEMACHTE ERWÄRMUNG KÖNNTE SCHON IN EINEM BRUCHTEIL DIESES ZEITRAUMS ÄHNLICHE AUSMASSE ERREICHEN – UND SIE BEGINNT IN EINEM BEREITS WARMEN KLIMA.

MIT *GPS* UND *LASER* WERDEN DIE GENAUEN *KOORDINATEN* UND DIE *HÖHE* DES *STANDORTS* BESTIMMT.

DIE *BELEGE* FÜR DIE *KLIMAWIRKUNG* UNSERER *TREIBHAUSGASEMISSIONEN* BERUHEN AUF JAHRZEHNTELANGER *FORSCHUNGSARBEIT* UND TAUSENDEN VON *STUDIEN*. ES IST PRAKTISCH UNDENKBAR, DASS SIE DURCH NEUE *RESULTATE* AUF EINMAL UMGESTOSSEN WERDEN KÖNNTEN.

DIE GLOBALE *TEMPERATUR* ZU BERECHNEN IST RELATIV EINFACH; WESENTLICH SCHWERER VORHERZUSEHEN SIND DIE AUSWIRKUNGEN DER *ERWÄRMUNG* AUF *EISMASSEN*, *MEERESSPIEGEL* ODER *VEGETATION*.

REGIONAL UNTERSCHIEDLICHE *ERWÄRMUNG* BEI EINER MITTLEREN GLOBALEN *ERWÄRMUNG* UM CA. 4 °C BIS ENDE DES *JAHRHUNDERTS*. DIE *KONTINENTE* UND *POLARGEBIETE* SIND AM STÄRKSTEN BETROFFEN.

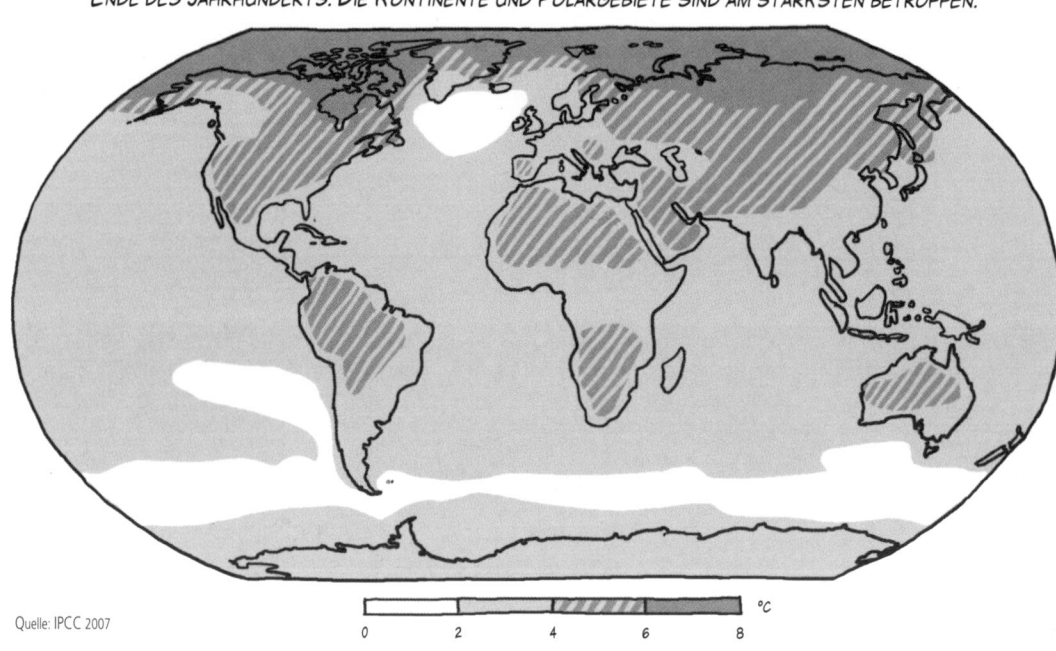

Quelle: IPCC 2007

°C

0   2   4   6   8

RAHMSTORF GEHT AN BORD, UM SEDIMENTPROBEN IN DER LAGUNE ZU NEHMEN.

East Carolina University

R/V Stanley R. Riggs

UND DIE *KIPPELEMENTE MACHEN UNS DAS LEBEN ZUSÄTZLICH SCHWER: BESTIMMTE REGIONEN ODER PROZESSE REAGIEREN BESONDERS EMPFINDLICH UND WIRKEN ALS SELBSTVERSTÄRKENDE ELEMENTE IM SYSTEM. DURCH DAS ABSCHMELZEN DER STARK REFLEKTIERENDEN EISFLÄCHEN TRITT DAS DUNKLE MEER ZUTAGE, DAS DEUTLICH MEHR SONNENWÄRME AUFNIMMT UND DADURCH DAS ABSCHMELZEN BESCHLEUNIGT.

NUR EIN BEISPIEL: DIE HÄLFTE DER SOMMEREISFLÄCHE AUF DEM ARKTISCHEN OZEAN IST SCHON WEG.

AUSDEHNUNG DES ARKTISCHEN MEEREISES IM VERGLEICH 1979 UND 2012

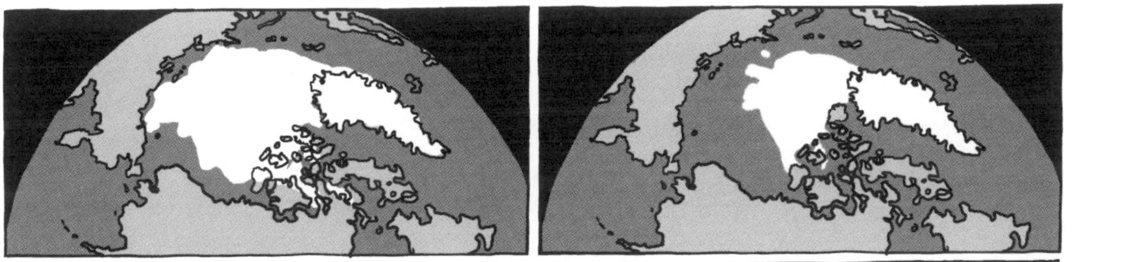

ANDERE KIPPELEMENTE ENTZIEHEN SICH NOCH VOLLKOMMEN DER BERECHNUNG: BEISPIELSWEISE SETZT DAS AUFTAUEN DER *PERMAFROSTBÖDEN IN SIBIRIEN METHAN FREI, EIN NOCH VIEL AGGRESSIVERES TREIBHAUSGAS ALS CO_2 – IN WELCHEM UMFANG UND MIT WELCHEN FOLGEN, WEISS NOCH NIEMAND.

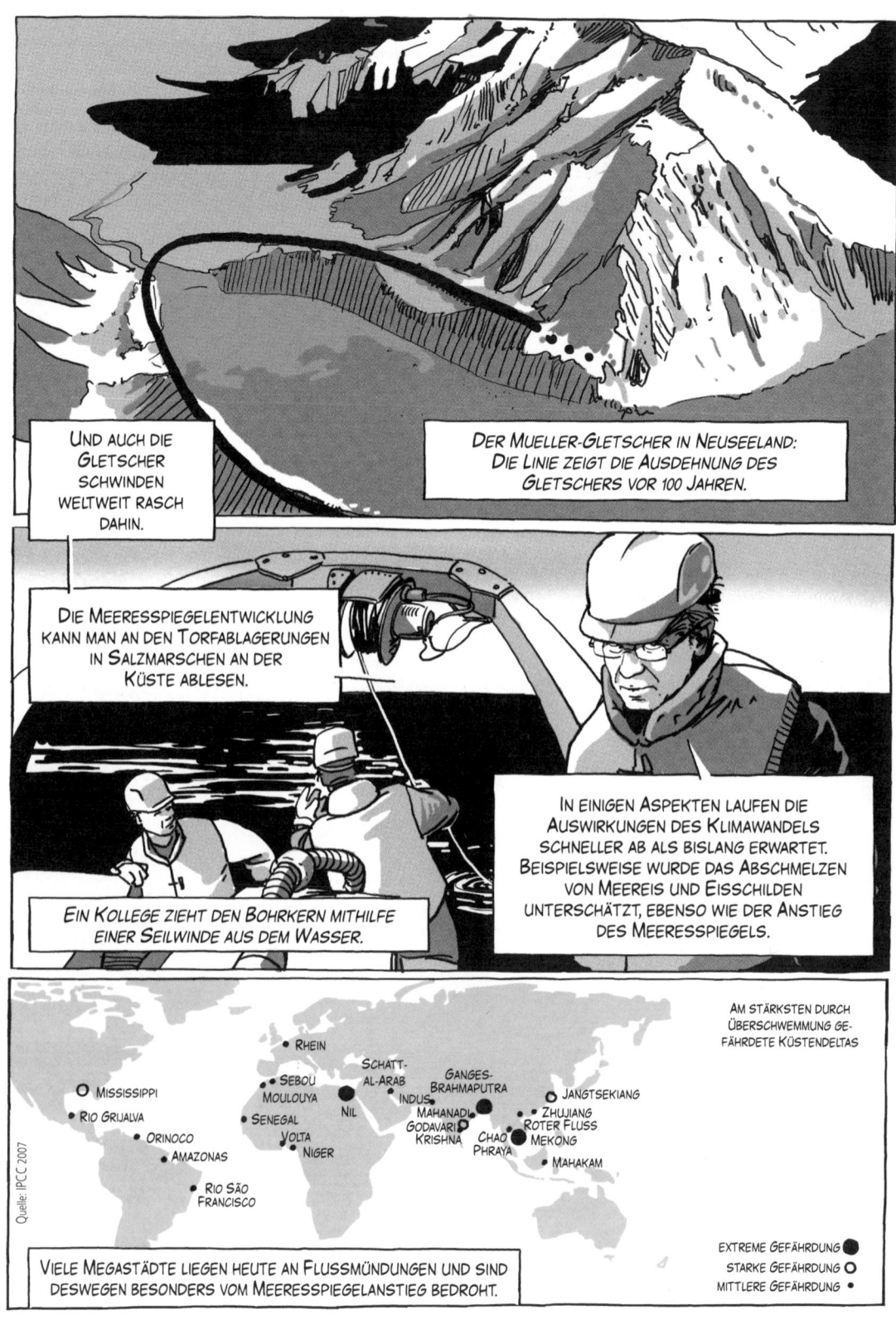

UND AUCH DIE GLETSCHER SCHWINDEN WELTWEIT RASCH DAHIN.

DER MUELLER-GLETSCHER IN NEUSEELAND: DIE LINIE ZEIGT DIE AUSDEHNUNG DES GLETSCHERS VOR 100 JAHREN.

DIE MEERESSPIEGELENTWICKLUNG KANN MAN AN DEN TORFABLAGERUNGEN IN SALZMARSCHEN AN DER KÜSTE ABLESEN.

EIN KOLLEGE ZIEHT DEN BOHRKERN MITHILFE EINER SEILWINDE AUS DEM WASSER.

IN EINIGEN ASPEKTEN LAUFEN DIE AUSWIRKUNGEN DES KLIMAWANDELS SCHNELLER AB ALS BISLANG ERWARTET. BEISPIELSWEISE WURDE DAS ABSCHMELZEN VON MEEREIS UND EISSCHILDEN UNTERSCHÄTZT, EBENSO WIE DER ANSTIEG DES MEERESSPIEGELS.

AM STÄRKSTEN DURCH ÜBERSCHWEMMUNG GEFÄHRDETE KÜSTENDELTAS

RHEIN
SCHATT-AL-ARAB
GANGES-BRAHMAPUTRA
JANGTSEKIANG
SEBOU
MOULOUYA
INDUS
MISSISSIPPI
ZHUJIANG
MAHANADI
ROTER FLUSS
SENEGAL
NIL
GODAVARI
KRISHNA
MEKONG
RIO GRIJALVA
ORINOCO
VOLTA
CHAO PHRAYA
NIGER
AMAZONAS
MAHAKAM
RIO SÃO FRANCISCO

Quelle: IPCC 2007

EXTREME GEFÄHRDUNG ●
STARKE GEFÄHRDUNG ○
MITTLERE GEFÄHRDUNG ·

VIELE MEGASTÄDTE LIEGEN HEUTE AN FLUSSMÜNDUNGEN UND SIND DESWEGEN BESONDERS VOM MEERESSPIEGELANSTIEG BEDROHT.

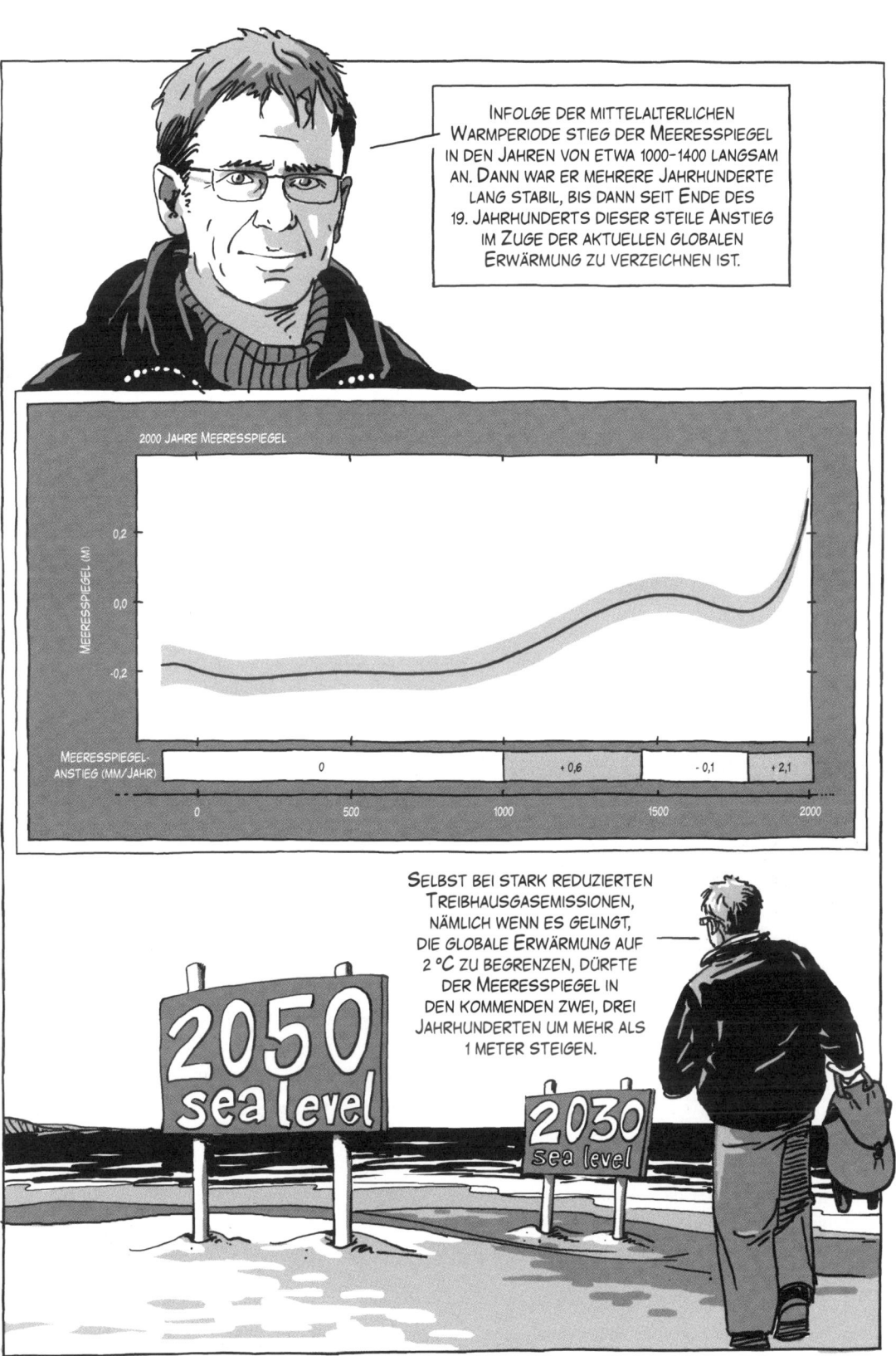

INFOLGE DER MITTELALTERLICHEN WARMPERIODE STIEG DER MEERESSPIEGEL IN DEN JAHREN VON ETWA 1000–1400 LANGSAM AN. DANN WAR ER MEHRERE JAHRHUNDERTE LANG STABIL, BIS DANN SEIT ENDE DES 19. JAHRHUNDERTS DIESER STEILE ANSTIEG IM ZUGE DER AKTUELLEN GLOBALEN ERWÄRMUNG ZU VERZEICHNEN IST.

2000 JAHRE MEERESSPIEGEL

MEERESSPIEGEL (M)

0,2

0,0

-0,2

MEERESSPIEGEL-ANSTIEG (MM/JAHR)

| 0 | + 0,6 | - 0,1 | + 2,1 |

0   500   1000   1500   2000

SELBST BEI STARK REDUZIERTEN TREIBHAUSGASEMISSIONEN, NÄMLICH WENN ES GELINGT, DIE GLOBALE ERWÄRMUNG AUF 2 °C ZU BEGRENZEN, DÜRFTE DER MEERESSPIEGEL IN DEN KOMMENDEN ZWEI, DREI JAHRHUNDERTEN UM MEHR ALS 1 METER STEIGEN.

2050 sea level

2030 sea level

DAS GEFÄHRDET STÄDTE IN KÜSTENNÄHE UND TIEFLIEGENDE INSELN. SO EIN WIRBELSTURM WIE SANDY IM OKTOBER 2012 IN NEW YORK, MIT VERHEERENDEN SCHÄDEN, ÜBERFLUTETEN STRASSEN UND U-BAHNEN, STROMAUSFALL UND ETLICHEN TODESOPFERN, ZEIGT UNS DIE DRINGLICHKEIT DES PROBLEMS. DENN IN DEM MASSE, WIE DER MEERESSPIEGEL STEIGT, WERDEN DIE AUSWIRKUNGEN SOLCHER HURRIKANE STÄRKER.

AUCH DIE GEFAHR VON EXTREMWETTEREREIGNISSEN STEIGT. ÜBERSCHWEMMUNGEN, DÜRRE UND WALDBRÄNDE NEHMEN WELTWEIT STARK ZU.

STEFAN RAHMSTORF AUF DEM WEG ZU EINEM WORKSHOP ZUM THEMA KÜSTENSCHUTZ IN NAG'S HEAD.

UND DAS WIRKT SICH NATÜRLICH AUF DIE WASSERVERSORGUNG UND DAS NAHRUNGSANGEBOT AUS. SOWOHL MODELLE ALS AUCH DATEN ZEIGEN EINEN ANSTIEG DER STÄRKE, NICHT ABER DER HÄUFIGKEIT VON HURRIKANEN AUFGRUND HÖHERER MEERESOBERFLÄCHENTEMPERATUREN.

WALDBRÄNDE IN SPANIEN 2012

ÜBERSCHWEMMUNG IN SÜDRUSSLAND 2012

EXTREME DÜRRE IN DEN USA 2012

HURRIKAN KATRINA IN DEN USA 2005

THE WATER IS RISING!

NAG'S HEAD

WÄHREND DIE GLOBALE LANDWIRTSCHAFTLICHE PRODUKTION IN WÄRMEREN KLIMAVERHÄLTNISSEN NICHT NOTWENDIGERWEISE ZURÜCKGEHEN MUSS, WIRD ES IN ÄRMEREN UND WARMEN LÄNDERN AUFGRUND VON WASSERKNAPPHEIT UND WETTEREXTREMEN ZU ERNTEEINBUSSEN KOMMEN.

DIE WASSERVERSORGUNG IN LIMA HÄNGT STARK VON DEN ANDEN-GLETSCHERN AB. WÄHREND DIE BEVÖLKERUNG WÄCHST, SCHMELZEN DIE GLETSCHER UNAUFHALTSAM DAHIN.

WENN DIE BERGGLETSCHER VERSCHWINDEN, GEFÄHRDET DAS DIE WASSERVERSORGUNG GROSSER STÄDTE WIE LIMA.

TODAY AT 9 AM, STAKEHOLDER WORKSHOP SEA-LEVEL

VENEDIG 2012

DIE GENAUEN FOLGEN EINES DERART EINSCHNEIDENDEN KLIMAWANDELS LASSEN SICH NICHT LEICHT VORAUSSAGEN, UND SO SIND AUCH ÜBERRASCHUNGEN MÖGLICH.

ZURZEIT HABEN WIR EINEN ANSTIEG VON ETWA 3 CM PRO JAHRZEHNT. ABER WENN DIE GLOBALE ERWÄRMUNG WEITER FORTSCHREITET, WIRD DIESER ANSTIEG SCHNELLER WERDEN, EINFACH WEIL EISMASSEN UMSO SCHNELLER ABSCHMELZEN, JE WÄRMER ES WIRD. WIR KÖNNEN DA AUF 10 CM PRO JAHRZEHNT KOMMEN. DAS ERSCHWERT UNS MENSCHEN EINE ANPASSUNG AN DEN MEERESSPIEGELANSTIEG GANZ ERHEBLICH.

*STAKEHOLDER WORKSHOP, NAG'S HEAD 2012: STEFAN RAHMSTORF SPRICHT MIT VERTRETERN DER PLANUNGS- UND UMWELTBEHÖRDEN UND ANDEREN GRUPPEN, DIE SICH FÜR KLIMAWANDEL UND KÜSTENSCHUTZ INTERESSIEREN.

WEGEN SEINER LANGEN LEBENSDAUER WIRD CO_2 IN DER ATMOSPHÄRE AKKUMULIERT, SODASS EINE WEITERE ERWÄRMUNG NUR VERHINDERT WERDEN KANN, WENN WIR UNSERE ENERGIE ANDERS GEWINNEN.

KAPITEL 4

SO BLÖD SIND WIR GAR NICHT. BLICK AUF DIE VERGANGENHEIT

PROF. DR. DIRK MESSNER IST DIREKTOR DES *DEUTSCHEN INSTITUTS FÜR ENTWICKLUNGSPOLITIK (DIE) IN BONN, KODIREKTOR DES *CENTRE FOR ADVANCED STUDIES ON GLOBAL COOPERATION RESEARCH IN DUISBURG UND STELLVERTRETENDER VORSITZENDER DES WBGU.

DIRK MESSNER WIRD VON SEINEM CHAUFFEUR AM INSTITUT ABGESETZT.

DENKEN SIE DARAN, HEUTE KOMMT DER NEUE WAGEN.

OH! HOFFENTLICH NICHT SO EINE ELEKTROKISTE, ICH HATTE IHNEN DOCH ERKLÄRT, DASS DAS FÜR UNS NICHT INFRAGE KOMMT.

IN DER GLOBAL GOVERNANCE SCHOOL AM DIE BILDET DIRK MESSNER SEIT 2007 WISSENSCHAFTLER AUS ACHT *SCHWELLENLÄNDERN AUS.

DAMIT NICHT IMMER MEHR CO_2 HINZUKOMMT, MUSS DIE WIRTSCHAFTLICHE ENTWICKLUNG WELTWEIT UNBEDINGT VOM AUSSTOSS AN TREIBHAUSGASEN ENTKOPPELT WERDEN. VOR ALLEM, WAS ENERGIEVERSORGUNG, URBANISIERUNG UND LANDNUTZUNG ANGEHT.

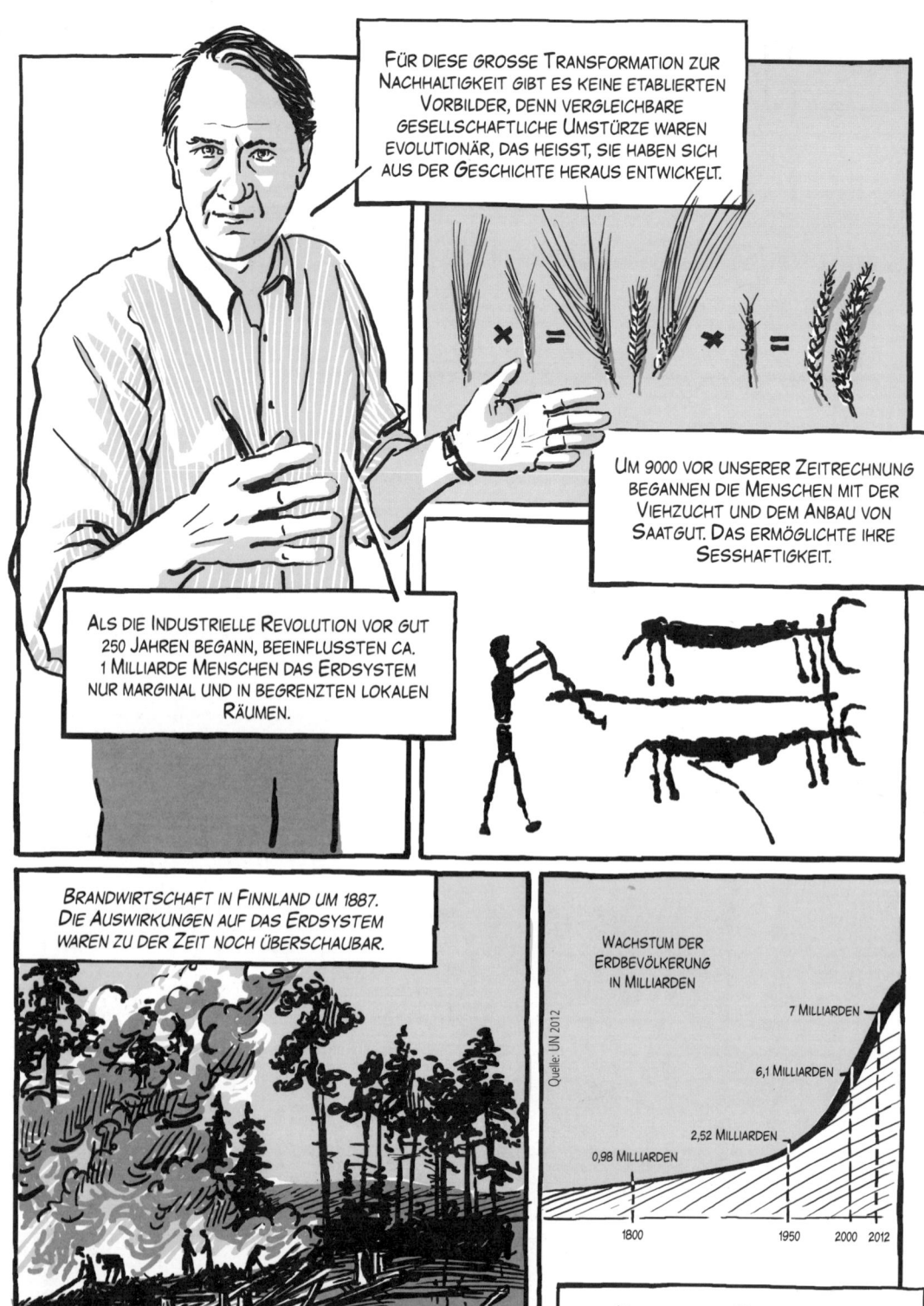

FÜR DIESE GROSSE TRANSFORMATION ZUR NACHHALTIGKEIT GIBT ES KEINE ETABLIERTEN VORBILDER, DENN VERGLEICHBARE GESELLSCHAFTLICHE UMSTÜRZE WAREN EVOLUTIONÄR, DAS HEISST, SIE HABEN SICH AUS DER GESCHICHTE HERAUS ENTWICKELT.

UM 9000 VOR UNSERER ZEITRECHNUNG BEGANNEN DIE MENSCHEN MIT DER VIEHZUCHT UND DEM ANBAU VON SAATGUT. DAS ERMÖGLICHTE IHRE SESSHAFTIGKEIT.

ALS DIE INDUSTRIELLE REVOLUTION VOR GUT 250 JAHREN BEGANN, BEEINFLUSSTEN CA. 1 MILLIARDE MENSCHEN DAS ERDSYSTEM NUR MARGINAL UND IN BEGRENZTEN LOKALEN RÄUMEN.

BRANDWIRTSCHAFT IN FINNLAND UM 1887. DIE AUSWIRKUNGEN AUF DAS ERDSYSTEM WAREN ZU DER ZEIT NOCH ÜBERSCHAUBAR.

WACHSTUM DER ERDBEVÖLKERUNG IN MILLIARDEN

Quelle: UN 2012

7 MILLIARDEN

6,1 MILLIARDEN

2,52 MILLIARDEN

0,98 MILLIARDEN

1800   1950   2000 2012

HEUTE IST DIE MENSCHHEIT DIE STÄRKSTE GEOLOGISCHE KRAFT IM ERDSYSTEM.

DIE WELTÖKONOMIE ÄNDERT SICH RADIKAL. 1989 GEHÖRTEN 1,3 MILLIARDEN MENSCHEN ZUR GLOBALEN MITTELSCHICHT. 80% VON IHNEN LEBTEN IN DEN INDUSTRIELÄNDERN. 2030 WERDEN ETWA 5 MILLIARDEN MENSCHEN ZUR GLOBALEN MITTELSCHICHT ZÄHLEN. 80% VON IHNEN WERDEN IN SCHWELLEN- UND ENTWICKLUNGSLÄNDERN LEBEN.

DER WIEDERAUFSTIEG DER SCHWELLENLÄNDER
ANTEILE VERSCHIEDENER REGIONEN AN DER WELTWIRTSCHAFT IN PROZENT

REST DER WELT

MITTLERER OSTEN

USA

JAPAN

RUSSLAND

INDIEN

WESTEUROPA

CHINA

%
100
90
80
70
60
50
40
30
20
10
0

1700   1820   1870   1900   1913   1950   1978   2003 2008 2015   2030   2050

PROGNOSE ⟶

Quelle: Die ZEIT 2008

OHNE EINEN WANDEL ZUR NACHHALTIGKEIT MÜNDET DIESER ENTWICKLUNGSTREND IN EINE EROSION DER NATÜRLICHEN LEBENSGRUNDLAGEN.

STANDPUNKT-ÄNDERUNG

DIE „ENTDECKUNG" EINER BEWUSST AUF NACHHALTIGKEIT AUSGERICHTETEN LEBENSWEISE IST VERGLEICHBAR MIT DEM AUFKOMMEN DER AUFKLÄRUNG IM 17. JAHRHUNDERT. BEIDE KONZEPTE VERLANGEN NACH EINER UMFASSENDEN NEUORDNUNG DER GESELLSCHAFT, IN DER SIE ENTSTANDEN SIND.

IMMANUEL KANT BESCHREIBT DIE AUFKLÄRUNG IM KERN ALS EINE „UMÄNDERUNG DER DENKART" DER MENSCHEN, ALS EINE NEUE MENSCHHEITSEPOCHE, IN DER SICH DIE NORMATIVEN GRUNDLAGEN MENSCHLICHEN ZUSAMMENLEBENS REVOLUTIONIEREN. DER STANDPUNKT, VON DEM AUS DIE MENSCHEN SICH SELBST UND IHRE GESELLSCHAFTEN BEURTEILTEN, HATTE SICH FUNDAMENTAL VERÄNDERT.

AUFKLÄRUNG IST DER AUSGANG DES MENSCHEN AUS SEINER SELBSTVERSCHULDETEN UNMÜNDIGKEIT.

RELIGIÖSES WELTBILD VERSUS WISSENSBASIERTES WELTBILD

WIR MÜSSEN ALS MENSCHEN VERANTWORTUNG FÜR DIE STABILITÄT DES ERDSYSTEMS ÜBERNEHMEN.

GEHT DAS ALLES?

UND DAZU MÜSSEN WIR WELTWEIT ZUSAMMENARBEITEN. WIR BRAUCHEN EIN GLOBALES GEMEINSCHAFTSGEFÜHL, EINE „WIR-IDENTITÄT".

WIR MÜSSEN EIN PRODUKTIONS- UND KONSUMMODELL FÜR 9 MILLIARDEN MENSCHEN ERFINDEN – INNERHALB DER GRENZEN DES ERDSYSTEMS.

ZU DEM „MENSCHENGESCHLECHT", UM DESSEN UNVERÄUSSERLICHE RECHTE ES IN DER AUFKLÄRUNG GING, GEHÖRTEN FÜR VIELE DENKER DER AUFKLÄRUNG DIE SKLAVEN NICHT DAZU.

Indigoterie, Travail du terrain pour planter l'indigo et pour le recolter

DAVID HUME (1711-1776)

DENIS DIDEROT (1713-1784)

VOLTAIRE (1694-1778)

JEAN-JACQUES ROUSSEAU (1712-1778)

MONTESQUIEU (1689-1755)

IMMANUEL KANT (1724-1804)

VIELE AUFKLÄRER WAREN PHANTASTISCHE ZUKUNFTSDENKER UND VISIONÄRE, ABER DENNOCH AUCH KINDER IHRER ZEIT. DIE SKLAVEREI IST EIN BEISPIEL FÜR DIESE WIDERSPRÜCHLICHKEIT.

We the People

DIE AMERIKANISCHE VERFASSUNG VON 1787 BEGINNT MIT DER BERÜHMTEN FORMEL „WE THE PEOPLE" – DOCH DIE SKLAVEREI BLIEB FÜR WEITERE ACHT JAHRZEHNTE TEIL DER GESELLSCHAFTLICHEN REALITÄT IN DEN VEREINIGTEN STAATEN ...

... UND FÜHRTE LETZTLICH IN DEN AMERIKANISCHEN SEZESSIONSKRIEG VON 1861-1865.

RIO DE JANEIRO, JUNI 2012

VON EINER GUT DURCHDACHTEN PHILOSOPHIE UND IDEE BIS ZUR GESELLSCHAFTLICHEN WIRKLICHKEIT IST ES ALSO EIN LANGER STEINIGER WEG, AUF DEM MAN VIELE RÜCKSCHRITTE IN KAUF NEHMEN MUSS. DIE WELTGESCHICHTE KENNT KEINEN LINEAREN FORTSCHRITT.

AUS DIESER PERSPEKTIVE BETRACHTET, IST DIE KARRIERE DES NACHHALTIGKEITSPARADIGMAS GERADEZU ATEMBERAUBEND. AUCH WENN MAN DIE *UN-NACHHALTIGKEITSKONFERENZ RIO +20 ALS GESCHEITERT ANSEHEN MUSS.

RIO +20

United Nations Conference on Sustainable Development

RIO -20

VON DER AUFBRUCHSSTIMMUNG DES ERSTEN *ERDGIPFELS VON 1992 IST NICHTS ÜBRIGGEBLIEBEN. VON DER ABSCHLUSSERKLÄRUNG GINGEN KEINE IMPULSE AUS, UND DIE VIELZAHL DER AUFGERUFENEN PROBLEME FÜHRTE DAZU, DASS KEIN EINZIGES ENTSCHLOSSEN ANGEPACKT WURDE. MAN KÖNNTE WIRKLICH VON EINER KONFERENZ RIO -20 SPRECHEN.

ABER WISSENSCHAFT, WIRTSCHAFT UND ZIVILGESELLSCHAFT SIND WEITER UND REIFER ALS DIE POLITISCHEN FÜHRUNGEN VON WASHINGTON ÜBER BRÜSSEL UND BERLIN BIS DELHI UND PEKING.

GELINGT DIE DEUTSCHE ENERGIEWENDE, KÖNNTE SIE WELTWEIT NACHAHMUNGSEFFEKTE AUSLÖSEN.

DAS HAT DAS KONFERENZPROGRAMM IN RIO GEZEIGT. DIE TRANSFORMATION ZUR NACHHALTIGKEIT IST KEIN ZUKUNFTSPROJEKT, SONDERN BEREITS IN VOLLEM GANGE.

PETER ALTMAIER, BUNDES-UMWELTMINISTER

RAJENDRA KUMAR PACHAURI, VORSITZENDER DES *WELTKLI-MARATES (IPCC)

JENNIFER MORGAN, DIREKTORIN DES KLIMA- UND ENERGIEPROGRAMMS DES *WORLD RESOURCES INSTITUTE

WINDPARK AM LAKE TURKANA IN KENIA

BEISPIELSWEISE HABEN SICH IN RIO DE JANEIRO ÜBER 50 ENTWICKLUNGSLÄNDER IM KONZERT MIT VIELEN PRIVATUNTERNEHMEN ZU AMBITIONIERTEN INITIATIVEN FÜR MEHR NACHHALTIGKEIT IM ENERGIESEKTOR VERPFLICHTET. DARUNTER LÄNDER WIE GHANA, BANGLADESCH, INDIEN UND MAROKKO.

EINE GRUPPE AFRIKANISCHER REGIERUNGEN, DIE WELTBANK UND GROSSE PRIVATE STIFTUNGEN WIE CONVERSATION INTERNATIONAL UND UNTERNEHMEN EINIGTEN SICH WIEDERUM AUF KONKRETE INITIATIVEN ZUM SCHUTZ DES NATURKAPITALS AFRIKANISCHER LÄNDER. PROJEKTE WIE DIE GRENZÜBERSCHREITENDEN *PEACE PARKS SETZEN AUF UMWELTSCHUTZ UND ÖKOTOURISMUS. IN RIO WURDEN DIESE ANSÄTZE WEITERENTWICKELT.

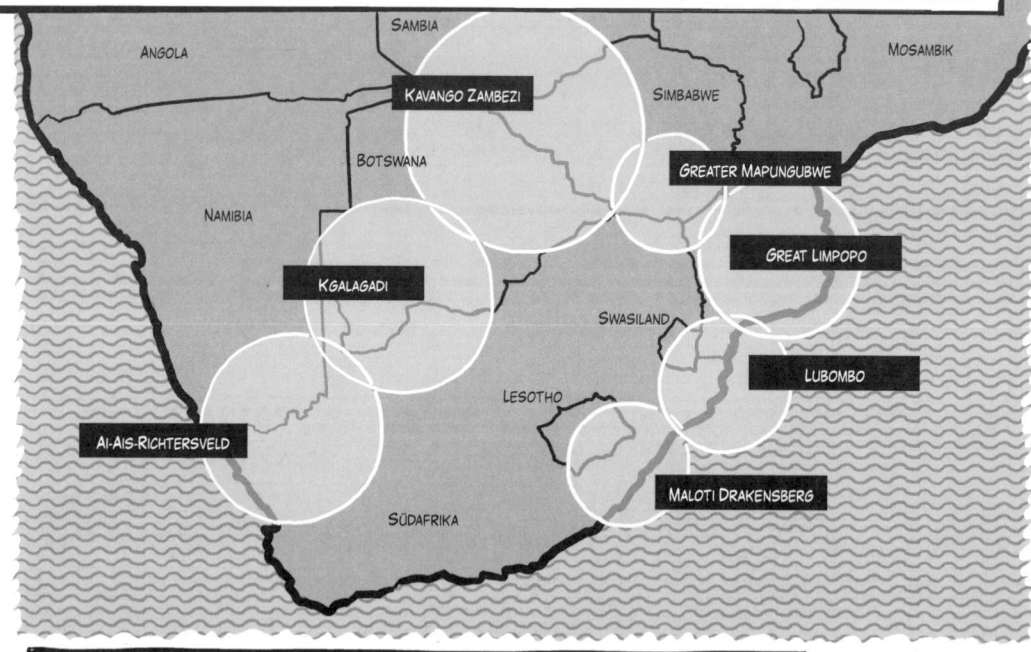

Quelle: www.tfpd.co.za

SOLARANLAGE IN DER NÄHE VON MOUNT ABU IN RAJASTHAN, INDIEN

STÄDTE SCHMIEDETEN ALLIANZEN, UND UNTERNEHMEN PRÄSENTIERTEN NEUESTE UMWELTTECHNOLOGIEN.

KANDEH K. YUMKELLA, GENERAL-DIREKTOR DER ORGANISATION DER VEREINTEN NATIONEN FÜR INDUS-TRIELLE ENTWICKLUNG (UNIDO)

HALLO!

DIRK MESSNER TRIFFT PAN JIAHUA, CHINESISCHER KLIMAFORSCHER UND RANGHÖCHSTER BERATER IN SACHEN KLIMASCHUTZ.

HEUTE BEFINDEN WIR UNS IM TRANSFORMATIONSPROZESS IN EINER KIPPPUNKT-SITUATION.

EINERSEITS IST DAS DERZEITIGE WACHSTUMSMODELL HISTORISCH LEGITIMIERT, UND ES SCHEINT VERÄNDERUNGSRESISTENT ZU SEIN, WEIL ES IN VIELEN LÄNDERN ZU ENORMEM WOHLSTAND GEFÜHRT HAT.

ANDERERSEITS GIBT ES EINEN GROSSEN KONSENS, DASS DIESER RESSOURCEN-VERSCHWENDERISCHE UND KLIMASCHÄDLICHE ENTWICK-LUNGSPFAD SCHON FÜR DIE NÄCHSTE GENERATION KEINE ZUKUNFT MEHR BIETET. UND WEIL KAUM JEMAND MEHR AN DIE ZUKUNFTSFÄHIGKEIT DER FOSSIL BASIERTEN GESELL-SCHAFT GLAUBT, ERÖFFNEN SICH REFORMPERSPEKTIVEN.

AUSSERDEM VERFÜGEN WIR ÜBER DIE TECHNOLOGIEN UND DAS WISSEN, WIE DIE TRANSFORMATION GESTALTET WERDEN KANN.

WÜRDEN CHINA UND EUROPA KONSEQUENT AUF KLIMAVERTRÄGLICHKEIT SETZEN, WÄRE EIN DURCHBRUCH ERREICHT, UND ANDERE LÄNDER WÜRDEN NACHZIEHEN.

VIELES IST IN BEWEGUNG GERATEN. ABER DIE TRANSFORMATION ZU EINER KLIMAVERTRÄGLICHEN GESELLSCHAFT KANN AUCH AM SOGENANNTEN REBOUND-EFFEKT SCHEITERN: AUTOS Z.B. WERDEN IMMER ENERGIEEFFIZIENTER, UND DER CO_2-AUSSTOSS WIRD REDUZIERT. DA IHRE ANZAHL ABER IMMER SCHNELLER WÄCHST, WIRD DIE EINSPARUNG GLEICH WIEDER AUSGEGLICHEN ODER SOGAR ÜBERSCHRITTEN. WIR MÜSSEN ALSO AUF DER HUT BLEIBEN.

DER WANDEL IN EINE NACHHALTIGE WIRTSCHAFT MUSS VON ALLEN, ALSO DER GESAMTEN GESELLSCHAFT, BESCHLEUNIGT WERDEN, DENN DIE NATUR LÄSST NICHT MIT SICH VERHANDELN.

KAPITEL 5

TECHNISCH GEHT ALLES

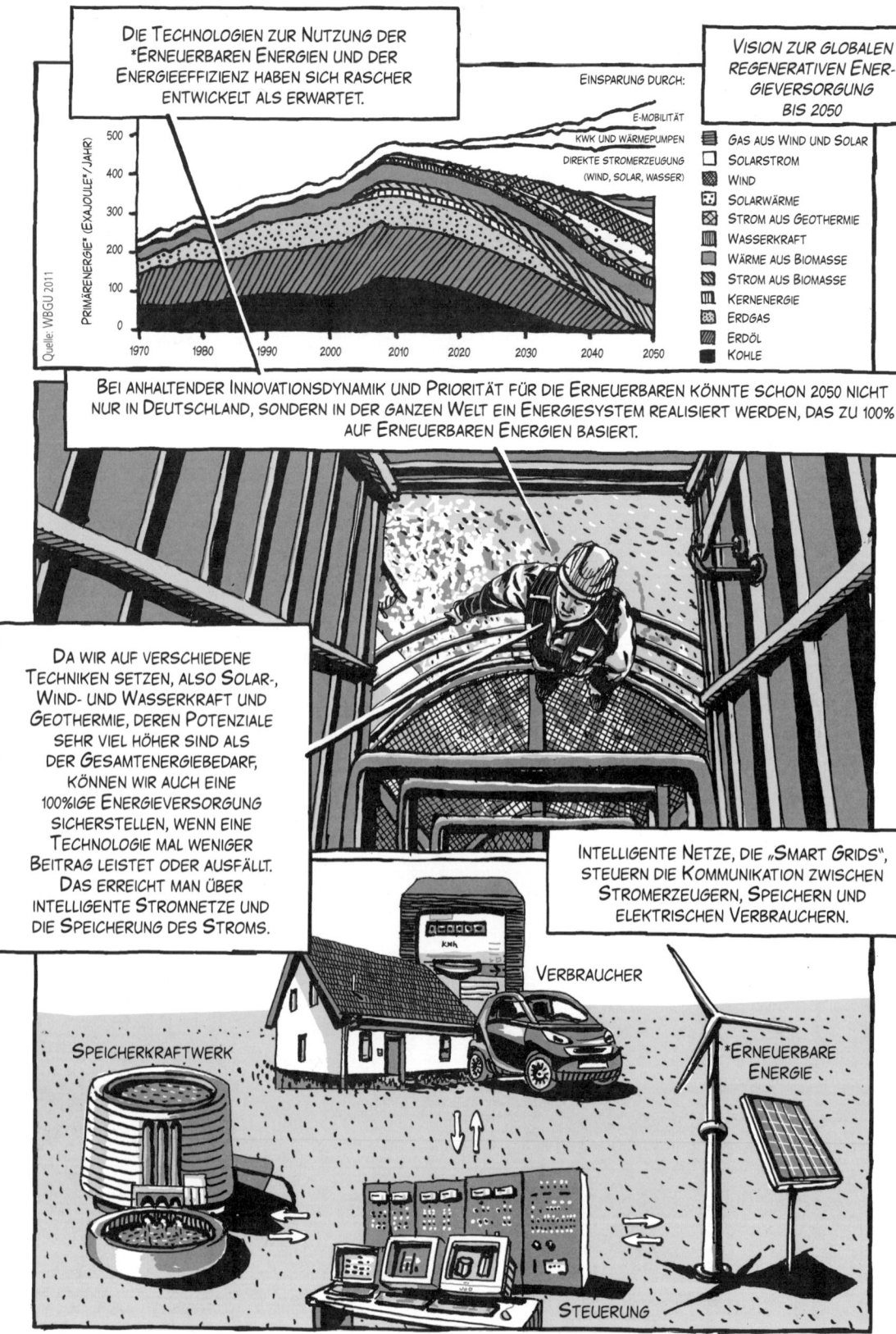

DIE TECHNOLOGIEN ZUR NUTZUNG DER *ERNEUERBAREN ENERGIEN UND DER ENERGIEEFFIZIENZ HABEN SICH RASCHER ENTWICKELT ALS ERWARTET.

VISION ZUR GLOBALEN REGENERATIVEN ENERGIEVERSORGUNG BIS 2050

EINSPARUNG DURCH:
E-MOBILITÄT
KWK UND WÄRMEPUMPEN
DIREKTE STROMERZEUGUNG (WIND, SOLAR, WASSER)

GAS AUS WIND UND SOLAR
SOLARSTROM
WIND
SOLARWÄRME
STROM AUS GEOTHERMIE
WASSERKRAFT
WÄRME AUS BIOMASSE
STROM AUS BIOMASSE
KERNENERGIE
ERDGAS
ERDÖL
KOHLE

PRIMÄRENERGIE* (EXAJOULE*/JAHR)

Quelle: WBGU 2011

BEI ANHALTENDER INNOVATIONSDYNAMIK UND PRIORITÄT FÜR DIE ERNEUERBAREN KÖNNTE SCHON 2050 NICHT NUR IN DEUTSCHLAND, SONDERN IN DER GANZEN WELT EIN ENERGIESYSTEM REALISIERT WERDEN, DAS ZU 100% AUF ERNEUERBAREN ENERGIEN BASIERT.

DA WIR AUF VERSCHIEDENE TECHNIKEN SETZEN, ALSO SOLAR-, WIND- UND WASSERKRAFT UND GEOTHERMIE, DEREN POTENZIALE SEHR VIEL HÖHER SIND ALS DER GESAMTENERGIEBEDARF, KÖNNEN WIR AUCH EINE 100%IGE ENERGIEVERSORGUNG SICHERSTELLEN, WENN EINE TECHNOLOGIE MAL WENIGER BEITRAG LEISTET ODER AUSFÄLLT. DAS ERREICHT MAN ÜBER INTELLIGENTE STROMNETZE UND DIE SPEICHERUNG DES STROMS.

INTELLIGENTE NETZE, DIE „SMART GRIDS", STEUERN DIE KOMMUNIKATION ZWISCHEN STROMERZEUGERN, SPEICHERN UND ELEKTRISCHEN VERBRAUCHERN.

VERBRAUCHER

SPEICHERKRAFTWERK

*ERNEUERBARE ENERGIE

STEUERUNG

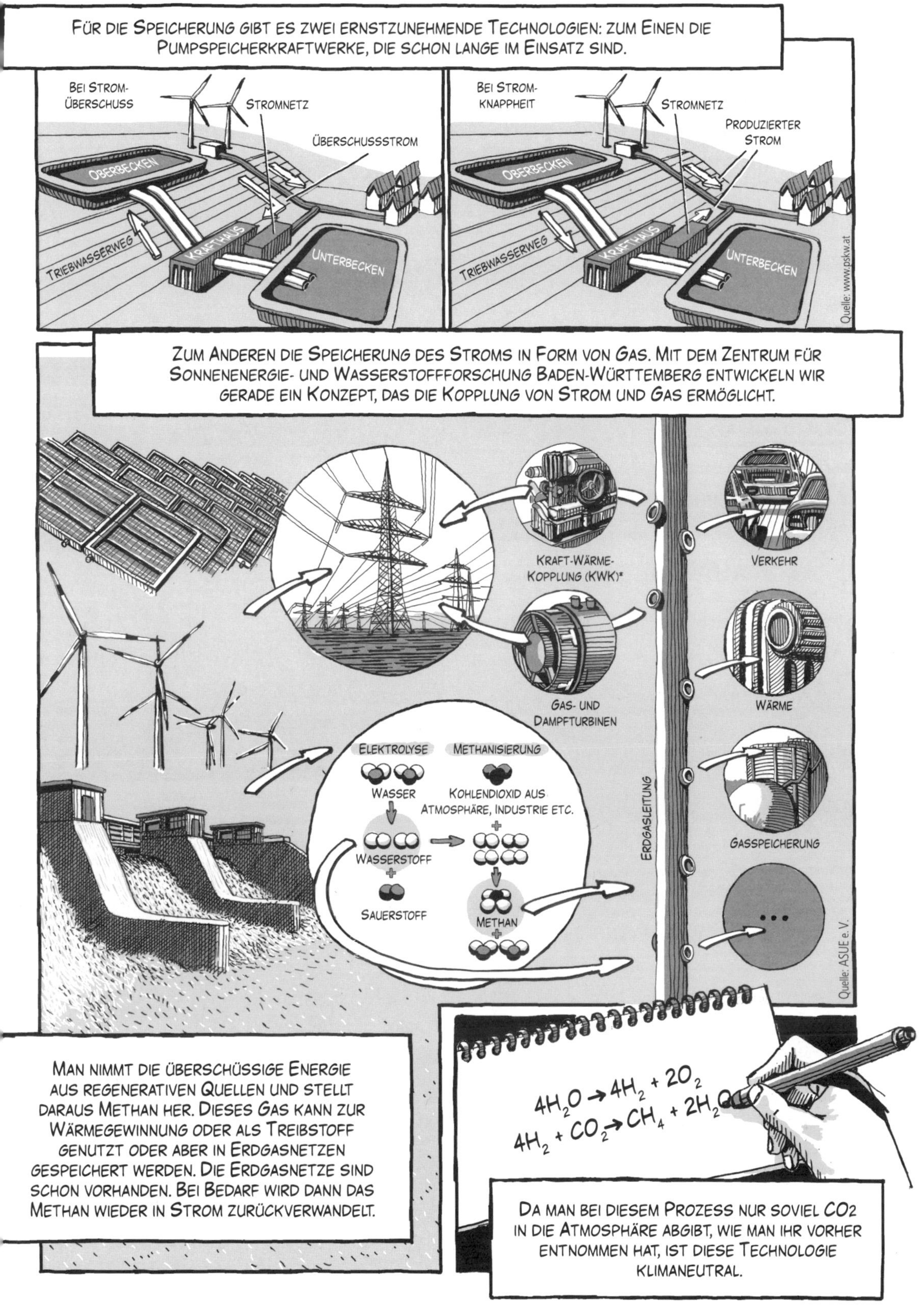

FÜR DIE SPEICHERUNG GIBT ES ZWEI ERNSTZUNEHMENDE TECHNOLOGIEN: ZUM EINEN DIE PUMPSPEICHERKRAFTWERKE, DIE SCHON LANGE IM EINSATZ SIND.

BEI STROM-ÜBERSCHUSS

STROMNETZ

ÜBERSCHUSSSTROM

OBERBECKEN

TRIEBWASSERWEG

KRAFTHAUS

UNTERBECKEN

BEI STROM-KNAPPHEIT

STROMNETZ

PRODUZIERTER STROM

OBERBECKEN

TRIEBWASSERWEG

KRAFTHAUS

UNTERBECKEN

ZUM ANDEREN DIE SPEICHERUNG DES STROMS IN FORM VON GAS. MIT DEM ZENTRUM FÜR SONNENENERGIE- UND WASSERSTOFFFORSCHUNG BADEN-WÜRTTEMBERG ENTWICKELN WIR GERADE EIN KONZEPT, DAS DIE KOPPLUNG VON STROM UND GAS ERMÖGLICHT.

KRAFT-WÄRME-KOPPLUNG (KWK)*

VERKEHR

GAS- UND DAMPFTURBINEN

WÄRME

ELEKTROLYSE   METHANISIERUNG

WASSER   KOHLENDIOXID AUS ATMOSPHÄRE, INDUSTRIE ETC.

WASSERSTOFF

+

SAUERSTOFF   METHAN

ERDGASLEITUNG

GASSPEICHERUNG

· · ·

MAN NIMMT DIE ÜBERSCHÜSSIGE ENERGIE AUS REGENERATIVEN QUELLEN UND STELLT DARAUS METHAN HER. DIESES GAS KANN ZUR WÄRMEGEWINNUNG ODER ALS TREIBSTOFF GENUTZT ODER ABER IN ERDGASNETZEN GESPEICHERT WERDEN. DIE ERDGASNETZE SIND SCHON VORHANDEN. BEI BEDARF WIRD DANN DAS METHAN WIEDER IN STROM ZURÜCKVERWANDELT.

$$4H_2O \rightarrow 4H_2 + 2O_2$$
$$4H_2 + CO_2 \rightarrow CH_4 + 2H_2O$$

DA MAN BEI DIESEM PROZESS NUR SOVIEL CO_2 IN DIE ATMOSPHÄRE ABGIBT, WIE MAN IHR VORHER ENTNOMMEN HAT, IST DIESE TECHNOLOGIE KLIMANEUTRAL.

WIR MÜSSEN ABER AUCH ENERGIE SPAREN. DAS HEISST, AN DER ERHÖHUNG DER ENERGIEEFFIZIENZ ARBEITEN, SPRICH: AUS WENIGER MEHR HERAUSHOLEN.

DURCH EINE BESSERE GEBÄUDEDÄMMUNG WIRD WENIGER WÄRME AN DIE ATMOSPHÄRE ABGEGEBEN, UND MAN BRAUCHT WENIGER ENERGIE ZUM HEIZEN. GERINGERER ENERGIEBEDARF UND DIE NUTZUNG KOHLENSTOFFARMER ODER ERNEUERBARER ENERGIETRÄGER FÜHREN ZU EINER ERHEBLICHEN REDUKTION DER CO_2-EMISSIONEN.

DIE WÄRMEBILDKAMERA ZEIGT DEN WÄRMEVERLUST EINES HAUSES ...

HOCH   GERING

... OHNE WÄRMEDÄMMUNG

... MIT WÄRMEDÄMMUNG

METHAN UND WASSERSTOFF, GEWONNEN AUS STROMÜBERSCHÜSSEN, KÖNNEN FÜR DEN GÜTER- UND LANGSTRECKENVERKEHR SOWIE FÜR FLUGZEUGE UND SCHIFFE VERWENDET WERDEN.

MODERNE KOMMUNIKATIONSTECHNOLOGIEN KÖNNEN DEN ÖFFENTLICHEN NAHVERKEHR ATTRAKTIVER MACHEN.

IHR BUS KOMMT IN 2 MINUTEN.

FÜR LANGSTRECKEN BRAUCHEN WIR UNBEDINGT EINE VERSCHIEBUNG VON DER STRASSE AUF DIE SCHIENE, INSBESONDERE FÜR DEN GÜTERVERKEHR.

SCHNELLBAHNSTRECKEN KÖNNEN EINE GUTE ALTERNATIVE ZUM FLUGZEUG SEIN. IN ARIZONA GIBT ES SCHON EIN PROJEKT FÜR EINEN KOMPLETT SOLARBETRIEBENEN HOCHGESCHWINDIGKEITSZUG, DEN SOLAR BULLET TRAIN.

UND NATÜRLICH MÜSSEN WIR AUCH DEN INDIVIDUALVERKEHR TRANSFORMIEREN. ALLE GROSSEN AUTOMOBILKONZERNE HABEN – SCHON SEIT LANGEM – PROTOTYPEN FÜR ENERGIEEFFIZIENTE ELEKTROAUTOS ENTWICKELT ODER ANDERE WAGEN, DIE WENIGER KOHLENSTOFFINTENSIVE TREIBSTOFFE NUTZEN. HIER KÖNNTE SICH ALSO SCHON SEHR BALD ETWAS TUN.

DER TESLA ROADSTER, DER ERSTE VOLLSTÄNDIG ELEKTRISCH BETRIEBENE SPORTWAGEN, IST VOR ALLEM BEI HOLLYWOODSTARS SEHR BELIEBT.

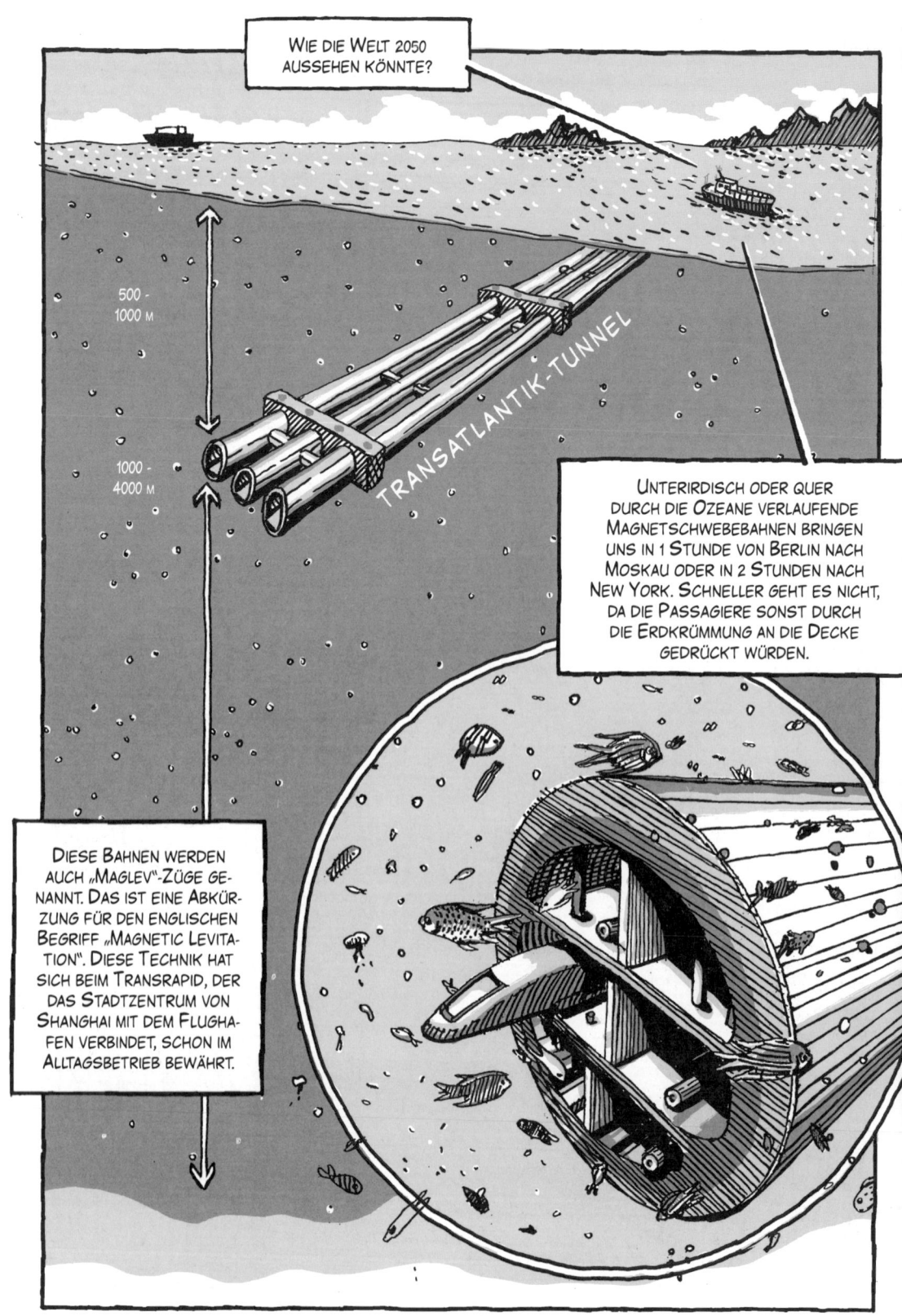

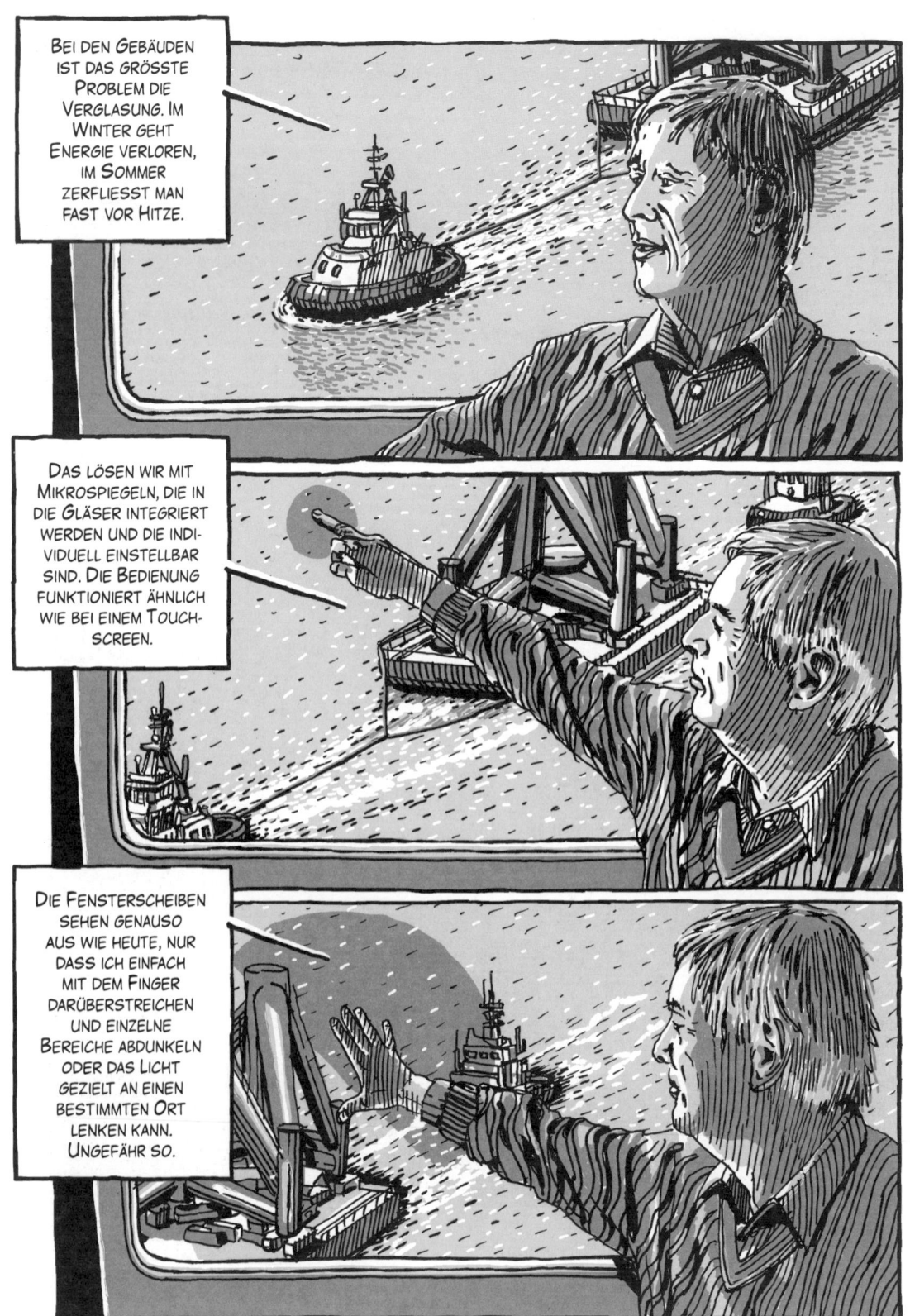

ZUSÄTZLICH WERDEN DIE GEBÄUDE SEHR GUT ISOLIERT, SO DASS SIE NICHT MEHR BEHEIZT WERDEN MÜSSEN.

DIE WÄNDE UND DÄCHER WERDEN MIT PHOTOVOLTAIKMODULEN BELEGT UND VERSORGEN DAS HAUS MIT STROM.

SOLARENERGIE WIRD HAUPTSÄCHLICH DIE VERSORGUNG DER GEBÄUDE ÜBERNEHMEN, WINDKRAFTANLAGEN BEDIENEN INDUSTRIE UND TRANSPORTWESEN.

IM KELLER HABEN WIR BATTERIEN, DIE ÜBER TAG ENERGIE SPEICHERN UND SIE IN DER NACHT ABGEBEN.

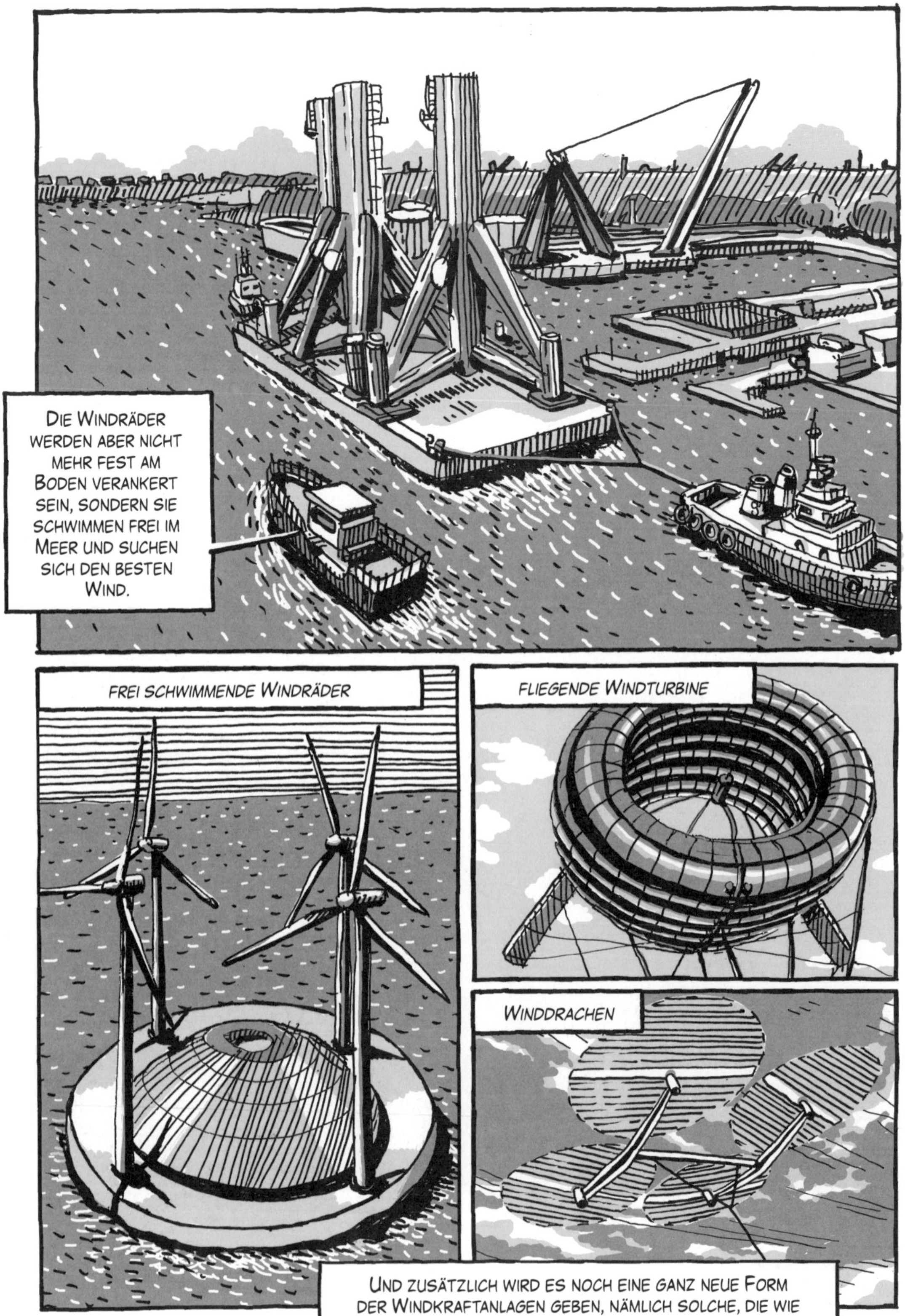

DIE WINDRÄDER WERDEN ABER NICHT MEHR FEST AM BODEN VERANKERT SEIN, SONDERN SIE SCHWIMMEN FREI IM MEER UND SUCHEN SICH DEN BESTEN WIND.

FREI SCHWIMMENDE WINDRÄDER

FLIEGENDE WINDTURBINE

WINDDRACHEN

UND ZUSÄTZLICH WIRD ES NOCH EINE GANZ NEUE FORM DER WINDKRAFTANLAGEN GEBEN, NÄMLICH SOLCHE, DIE WIE DRACHEN IN DER LUFT SCHWEBEN.

DIE TELEKOMMUNIKATION WIRD SICH NATÜRLICH AUCH WEITERENTWICKELN. DAS IST AM SCHWIERIGSTEN VORHERZUSAGEN, DA BEI DER GEGENWÄRTIGEN INNOVATIONSGESCHWINDIGKEIT 40 JAHRE EIN IMMENS LANGER ZEITRAUM SIND. MIT SICHERHEIT WIRD ABER DAS SMARTPHONE NOCH VIEL MEHR ZUM KOMMUNIKATIONSMITTELPUNKT.

DAS SCHIFF LEGT IN BREMERHAVEN AN.

DA WERDEN WIR JEDE WICHTIGE INFORMATION DRAUF HABEN. MAN WIRD Z. B. DAS GESAMTE ENERGIEMANAGEMENT SEINES HAUSES VOM HANDY AUS STEUERN KÖNNEN.

OFFSHORE-TERMINAL STOPPEN!!

NICHT MIT UNS!

KEIN AUSBAU ZUM OFFSHORE TERMINAL!!

MEHR KITAS STATT HAFENAUSBAU

AUSBAU STOPP! JETZT!

KEIN WEITER HAFENAUSBA

OFFS STOPP

HAFEN-WAHN!

ALL DAS IST NATÜRLICH AUCH GUT FÜR DIE WIRTSCHAFT: IN DEM NEU ENTSTANDENEN INDUSTRIEZWEIG „ERNEUERBARE ENERGIEN" WERDEN BIS MITTE DES JAHRHUNDERTS MEHRERE MILLIONEN MENSCHEN ARBEITEN. ABER WIE IMMER REGT SICH BEI ÄNDERUNGEN SCHNELL AUCH WIDERSTAND.

KAPITEL 6

EINE AUFGABE FÜR DIE GANZE WELT

PROF. DR. NEBOJŠA NAKIĆENOVIĆ, GENANNT NAKI, IST SYSTEMANALYTIKER UND ENERGIEWIRTSCHAFTLER. ER LEHRT AN DER TECHNISCHEN UNIVERSITÄT WIEN UND IST STELLVERTRETENDER DIREKTOR AM *INTERNATIONAL INSTITUTE FOR APPLIED SYSTEMS ANALYSIS (IIASA) IN LAXENBURG, ÖSTERREICH.

DIE DEKARBONISIERUNG UND DIE STEIGERUNG DER ENERGIEEFFIZIENZ SIND GLOBAL DIE GRÖSSTEN HERAUSFORDERUNGEN, INSBESONDERE WAS DIE ENTWICKLUNGS- UND SCHWELLENLÄNDER ANGEHT.

NACH SEINEM VORTRAG AUF DER INTERNATIONALEN ENERGIEWIRTSCHAFTSTAGUNG IM KUPPELSAAL DER TU WIEN ...

... HÄLT NAKI EINE VORLESUNG.

RUND 3 MILLIARDEN MENSCHEN HABEN HEUTE KEINEN ZUGANG ZU STROM.

EUROPA

KLICK!

...

DABEI WÜRDE EINE RELATIV GERINGE FLÄCHE DER SAHARA AUSREICHEN, UM DIE GANZE WELT MIT SOLARENERGIE ZU VERSORGEN.

DEUTSCHLAND

WELT

EUROPA

AFRIKA

Quelle: Greenpeace

AM IIASA KONZENTRIEREN WIR UNS AUF PROBLEME, DIE ZU GROSS SIND, ALS DASS EIN LAND SIE ALLEIN BEWÄLTIGEN KÖNNTE. DAS SIND HAUPTSÄCHLICH DIE DREI THEMENBLÖCKE ENERGIE UND KLIMAWANDEL, ERNÄHRUNG UND WASSER SOWIE ARMUT UND CHANCENGLEICHHEIT.

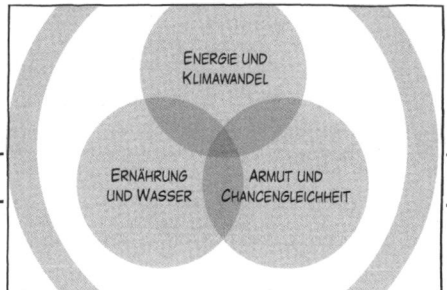

ENERGIE UND KLIMAWANDEL

ERNÄHRUNG UND WASSER

ARMUT UND CHANCENGLEICHHEIT

FÜR UNSERE LANGZEITSTUDIEN FÜTTERN WIR UNSERE COMPUTER MIT SO VIELEN DATEN WIE MÖGLICH UND LASSEN SIE MIT DEN UNTERSCHIEDLICHSTEN FAKTOREN RECHNEN. SO KÖNNEN WIR VIELE VERSCHIEDENE ZUKÜNFTIG MÖGLICHE SZENARIEN NEBENEINANDERSTELLEN.

DAMIT GEBEN WIR DER POLITIK GRUNDLAGEN, DIE RICHTIGEN ENTSCHEIDUNGEN ZU TREFFEN.

PRIMÄRENERGIEN GLOBAL IN EXAJOULE (EJ)

ENERGIEEINSPARUNGEN DURCH EFFIZIENZSTEIGERUNG UND VERÄNDERTES VERBRAUCHERVERHALTEN
ERNEUERBARE ENERGIEN
KERNENERGIE
ERDGAS
ERDÖL
KOHLE
BIOMASSE

Quelle: IIASA 2012

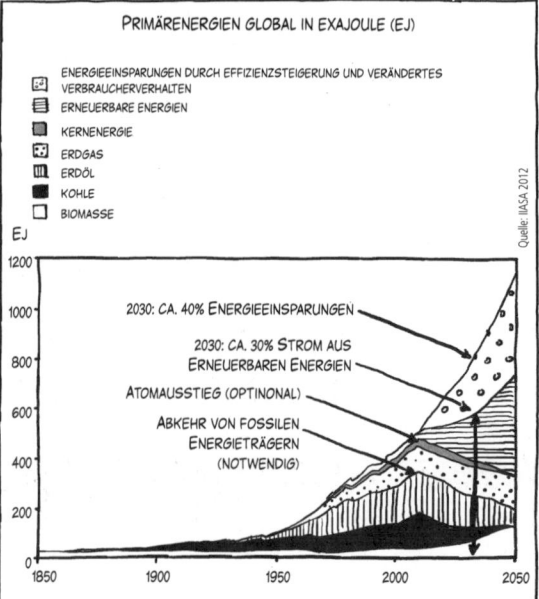

2030: CA. 40% ENERGIEEINSPARUNGEN

2030: CA. 30% STROM AUS ERNEUERBAREN ENERGIEN

ATOMAUSSTIEG (OPTIONAL)

ABKEHR VON FOSSILEN ENERGIETRÄGERN (NOTWENDIG)

DIE GRAFIK ZEIGT, WIE SICH UNSER ENERGIESYSTEM VERÄNDERN MUSS, UM DIE ZIELE DER INITIATIVE *NACHHALTIGE ENERGIE FÜR ALLE BIS 2030 ZU ERREICHEN. DIE INITIATIVE WURDE VON BAN KI-MOON, DEM GENERALSEKRETÄR DER VEREINTEN NATIONEN, GEGRÜNDET.

DAS INTERNATIONAL INSTITUTE FOR APPLIED SYSTEMS ANALYSIS IN LAXENBURG.

DIE ELEMENTE UNSERER DREI THEMENBLÖCKE BEDINGEN SICH MEIST GEGENSEITIG.

EIN BEISPIEL: IMMER MEHR MENSCHEN STREBEN IN DIE STÄDTE. BIS 2050 WERDEN CA. 80% ALLER MENSCHEN IN STÄDTEN LEBEN, OBWOHL INTERESSANTERWEISE DIE GEBURTENRATE AUF DEM LAND SEHR VIEL HÖHER IST ALS IN DER STADT. DIESER TREND BETRIFFT VOR ALLEM SÜDASIEN, ABER AUCH AFRIKA UND SÜDAMERIKA. MEIST GIBT ES KEINE GEREGELTE STADTPLANUNG UND OFT WEDER SAUBERES TRINKWASSER NOCH EINE HYGIENISCHE MÜLL- UND ABWASSERENTSORGUNG. GANZ ZU SCHWEIGEN VON ELEKTRISCHEM STROM.

MEXIKO-STADT 2012

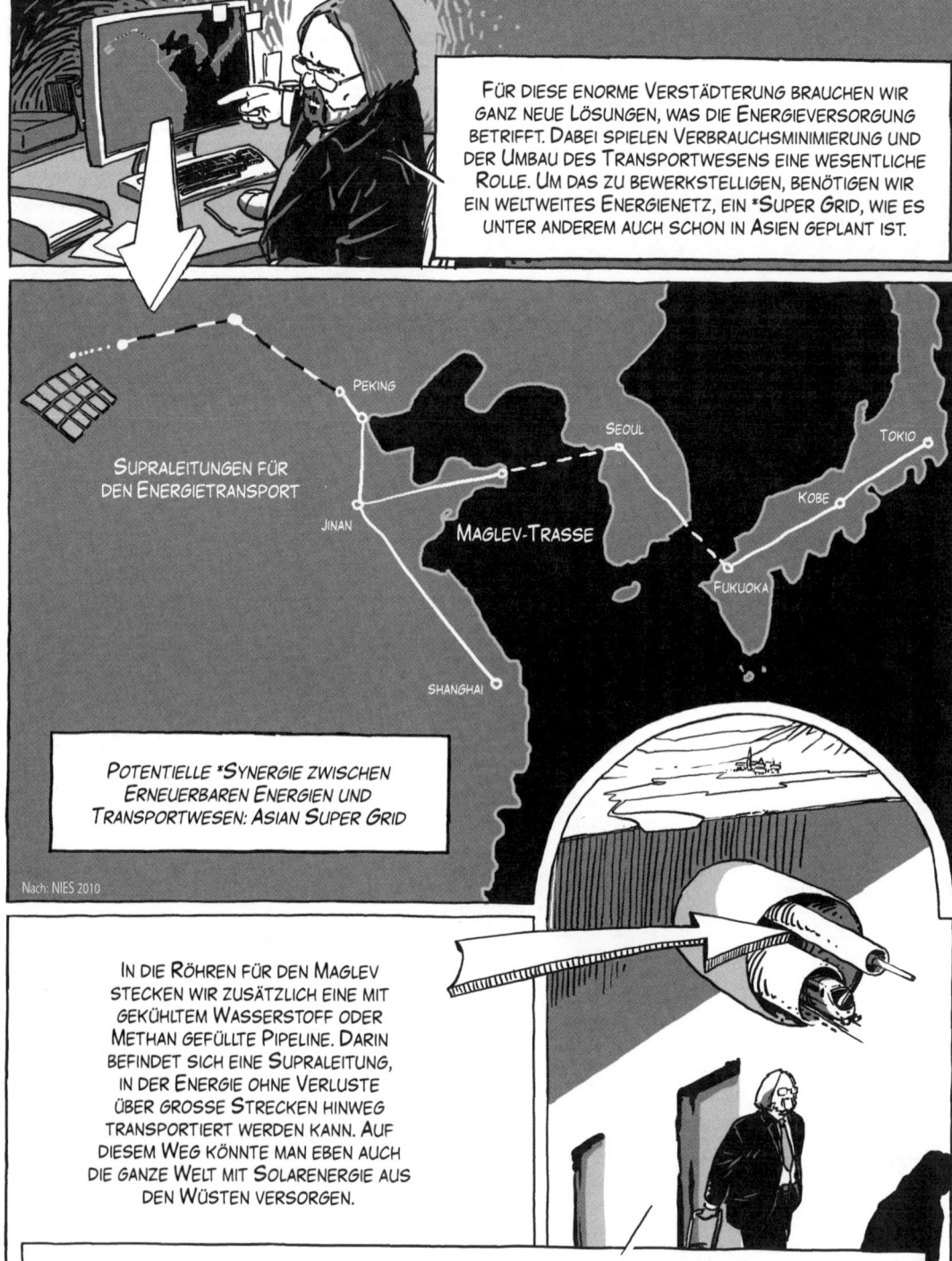

NAKI MACHT SICH AUF DEN WEG NACH KAPSTADT, SÜDAFRIKA, ZUM ERSTEN STAKEHOLDER FORUM DER *AFRICA-EU ENERGY PARTNERSHIP (AEEP). DIE CO2-EMISSIONEN SEINER REISEN KOMPENSIERT ER ÜBRIGENS DURCH DEN KAUF VON EMISSIONSZERTIFIKATEN.

DABEI STEHT DIE BEREITSTELLUNG MODERNER ENERGIEDIENSTLEISTUNGEN AUCH IN LÄNDLICHEN GEBIETEN AN ALLERERSTER STELLE. AUF DEM LAND BRAUCHEN WIR KLEINERE LOKALE NETZE, DIE AN DAS SUPER GRID ANGESCHLOSSEN WERDEN KÖNNEN.

DAS WELTWEITE FLUGNETZ. DIE LINIEN VISUALISIEREN DEN FLUGVERKEHR ZWISCHEN DEN 500 GRÖSSTEN FLUGHÄFEN DER WELT.

MOMENTAN VERBRINGEN VOR ALLEM FRAUEN IN VIELEN LÄNDERN STUNDEN MIT DER SUCHE NACH BRENNHOLZ. DIESE ZEIT GEHT FÜR ANDERE ARBEIT VERLOREN, UND DAS BEFÖRDERT WIEDERUM DIE ARMUT.

DIE LEUTE BRAUCHEN LICHT, NICHT ZULETZT UM SICH WEITERZUBILDEN UND ZU LERNEN. VIELE HAUSHALTE VERWENDEN FESTE BRENNSTOFFE ZUM KOCHEN UND HEIZEN.

UND DURCH DIE OFFENEN FEUERSTELLEN WIRD DIE INNENLUFT SO VERPESTET, DASS ERHEBLICHE GESUNDHEITLICHE SCHÄDEN AUFTRETEN. ES WIRD GESCHÄTZT, DASS WELTWEIT JÄHRLICH 2 MILLIONEN FRAUEN UND KINDER STERBEN, WEIL SIE BEIM KOCHEN DIE RAUCHGASE EINATMEN.

77

UM BRENNHOLZ ZU BEKOMMEN, WERDEN WÄLDER ABGEHOLZT. DAS FÜHRT ZU EROSION UND ÜBERSCHWEMMUNGEN, DIE ERNTEEINBRÜCHE MIT SICH BRINGEN. AUSSERDEM WIRD CO_2 FREIGESETZT UND DER TREIBHAUSEFFEKT VERSTÄRKT, DESSEN AUSWIRKUNGEN WIEDERUM DIE ERNTE SCHMÄLERN. ERNTEAUSFÄLLE VERSCHÄRFEN DIE ARMUT, ...

... UND DIE ARMUT MACHT DEN WECHSEL ZU SAUBEREN ENERGIEQUELLEN UNMÖGLICH, DA ES DEN LEUTEN SCHLICHT AN GELD FEHLT, UM SICH MODERNE GERÄTE ZU KAUFEN. DIE MEISTEN ENTWICKLUNGSLÄNDER VERFÜGEN EIGENTLICH ÜBER GENÜGEND KNOW-HOW UND KAPITAL. DAS LANDET ABER GERNE AUF AUSLÄNDISCHEN KONTEN. UND DA ES KEINE ZUVERLÄSSIGEN INSTITUTIONEN GIBT, SIND DIE RAHMENBEDINGUNGEN FÜR GRÖSSERE INVESTITIONEN AUCH NICHT GEGEBEN.

GEHT ES NACH DEM UN-ERNÄHRUNGSEXPERTEN ARNOLD VAN HUIS, SOLLEN DESWEGEN AUCH IN DEN INDUSTRIENATIONEN INSEKTEN VERSPEIST WERDEN, DENN DIE AUFZUCHT VON HEUSCHRECKEN, GRILLEN UND MEHLWÜRMERN VERBRAUCHT VIEL WENIGER RESSOURCEN ALS DIE FLEISCH- ODER FISCHPRODUKTION.

BEI UNS IST ES NOCH EINE MUTPROBE, INSEKTEN ZU ESSEN. DAS KANN SICH ABER SCHNELL ÄNDERN.

ETWA TAUSEND INSEKTENARTEN SIND FÜR DEN VERZEHR GEEIGNET UND WERDEN IN WEITEN TEILEN AFRIKAS, SÜDOSTASIENS UND LATEINAMERIKAS TRADITIONELLERWEISE VERSPEIST. DESWEGEN MÖCHTE DIE WELTERNÄHRUNGSORGANISATION, DIE *FAO, DIE ERNÄHRUNG MIT INSEKTEN ZUNÄCHST IN DIESEN LÄNDERN FÖRDERN.

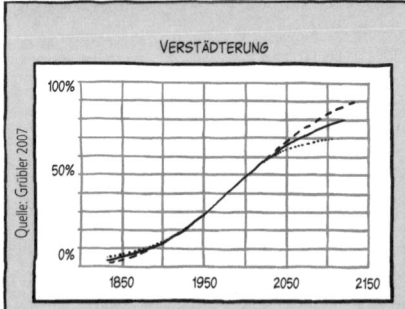

VERSTÄDTERUNG

Quelle: Grübler 2007

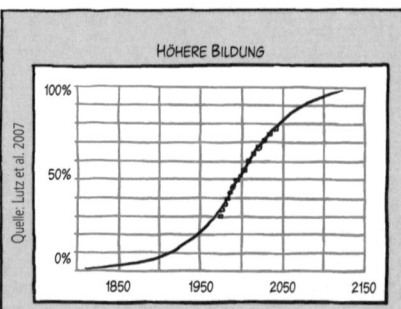

HÖHERE BILDUNG

Quelle: Lutz et al. 2007

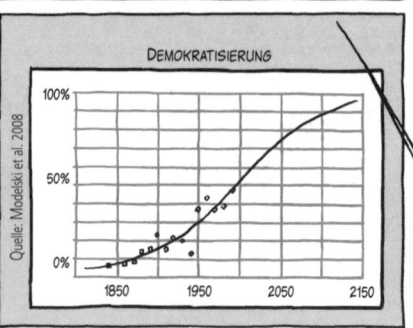

DEMOKRATISIERUNG

Quelle: Modelski et al. 2008

ES GIBT ABER WELTWEIT AUCH POSITIVE ENTWICKLUNGEN, Z.B. STEIGT DAS UMWELTBEWUSSTSEIN, UND DER LANGFRISTIGE TREND GEHT POLITISCH RICHTUNG DEMOKRATISIERUNG. EINE NACHHALTIGE ENTWICKLUNG GIBT ES NUR, WENN DIE MENSCHEN WISSEN, DASS IHRE STIMME ETWAS BEWIRKEN KANN.

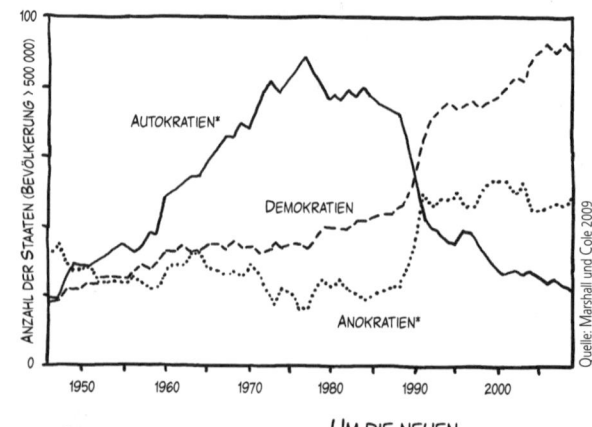

ANZAHL DER STAATEN (BEVÖLKERUNG > 500 000)

AUTOKRATIEN*

DEMOKRATIEN

ANOKRATIEN*

Quelle: Marshall und Cole 2009

UM DIE NEUEN ENERGIESYSTEME UND INFRASTRUKTUREN ZU ETABLIEREN, BENÖTIGEN WIR AUF ALLE FÄLLE ZWEI SICH ERGÄNZENDE EVOLUTIONEN, EINE TECHNISCHE UND EINE INSTITUTIONELLE. EINE DRITTE KÖNNTE UNSER VERHALTEN BETREFFEN.

NEUE TECHNOLOGIEN UND SYSTEME WERDEN NEUE GESCHÄFTSMODELLE UND INSTITUTIONELLE MASSNAHMEN HERVORBRINGEN. ALL DIESE NEBENEINANDER HERLAUFENDEN UND SICH KOMPLEMENTÄR ENTWICKELNDEN TRANSFORMATIONEN SETZEN WIRTSCHAFTLICHE, BEHÖRDLICHE UND VERHALTENSBESTIMMENDE ÄNDERUNGEN VORAUS UND TREIBEN SIE ZUGLEICH VORAN.

VIELE LÄNDER WERDEN BEI IHRER WIRTSCHAFTLICHEN ENTWICKLUNG DAS FOSSILE ENERGIEZEITALTER ÜBERSPRINGEN UND GLEICH AUF DEN ZUKUNFTSWEISENDEN UND KLIMAFREUNDLICHEN ENTWICKLUNGSPFAD EINER NACHHALTIGEN ENERGIEVERSORGUNG EINSCHWENKEN.

KAPITEL 7

WER SOLL DAS BEZAHLEN?

PROF. DR. RENATE SCHUBERT IST NATIONALÖKONOMIN UND DIREKTORIN DES *INSTITUTS FÜR UMWELTENTSCHEIDUNGEN AN DER EIDGENÖSSISCHEN TECHNISCHEN HOCHSCHULE (ETH) IN ZÜRICH.

RENATE SCHUBERT AUF DEM WEG ZU IHRER VORLESUNG

DER KLIMAWANDEL BEEINFLUSST DAS LEBEN AUF DER GANZEN WELT. ALLE LÄNDER SIND BETROFFEN! DIE VERWUNDBARSTEN – DIE ÄRMSTEN LÄNDER UND BEVÖLKERUNGEN – LEIDEN AM MEISTEN, OBWOHL SIE AM WENIGSTEN ZUM KLIMAWANDEL BEIGETRAGEN HABEN.

DIE KOSTEN, DIE DIE EXTREMEN WETTERVERHÄLTNISSE VERURSACHEN, STEIGEN ABER IN ALLEN LÄNDERN, AUCH IN DEN REICHEN.

DAS HAUPTGEBÄUDE DER ETH ZÜRICH

85

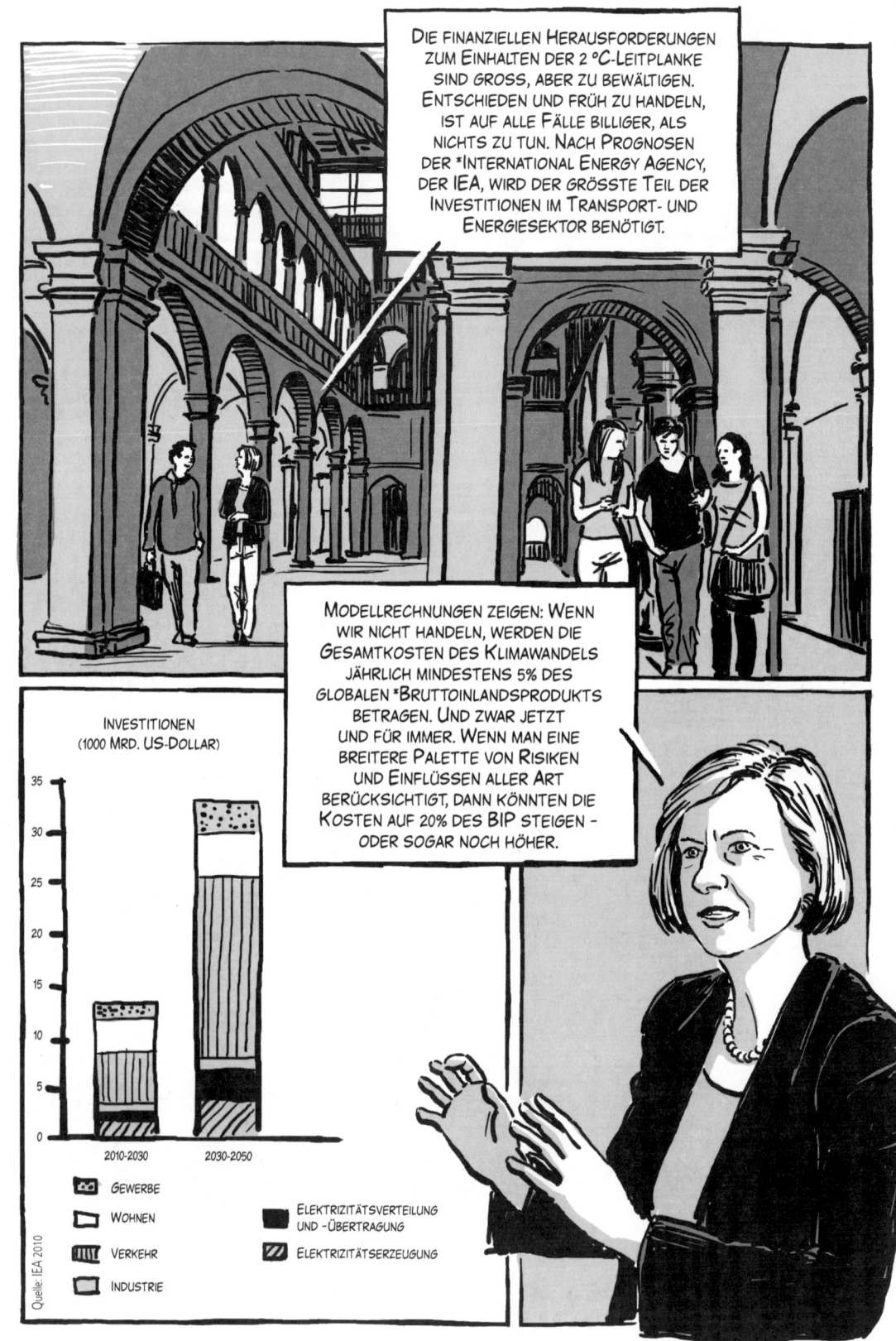

DIE FINANZIELLEN HERAUSFORDERUNGEN ZUM EINHALTEN DER 2 °C-LEITPLANKE SIND GROSS, ABER ZU BEWÄLTIGEN. ENTSCHIEDEN UND FRÜH ZU HANDELN, IST AUF ALLE FÄLLE BILLIGER, ALS NICHTS ZU TUN. NACH PROGNOSEN DER *INTERNATIONAL ENERGY AGENCY, DER IEA, WIRD DER GRÖSSTE TEIL DER INVESTITIONEN IM TRANSPORT- UND ENERGIESEKTOR BENÖTIGT.

MODELLRECHNUNGEN ZEIGEN: WENN WIR NICHT HANDELN, WERDEN DIE GESAMTKOSTEN DES KLIMAWANDELS JÄHRLICH MINDESTENS 5% DES GLOBALEN *BRUTTOINLANDSPRODUKTS BETRAGEN. UND ZWAR JETZT UND FÜR IMMER. WENN MAN EINE BREITERE PALETTE VON RISIKEN UND EINFLÜSSEN ALLER ART BERÜCKSICHTIGT, DANN KÖNNTEN DIE KOSTEN AUF 20% DES BIP STEIGEN – ODER SOGAR NOCH HÖHER.

INVESTITIONEN
(1000 MRD. US-DOLLAR)

35
30
25
20
15
10
5
0

2010-2030   2030-2050

Quelle: IEA 2010

GEWERBE

WOHNEN

VERKEHR

INDUSTRIE

ELEKTRIZITÄTSVERTEILUNG UND -ÜBERTRAGUNG

ELEKTRIZITÄTSERZEUGUNG

IM GEGENSATZ DAZU KÖNNEN DIE KOSTEN DES HANDELNS, ALSO WENN WIR TREIBHAUSGASEMISSIONEN REDUZIEREN, AUF ETWA 1% DES GLOBALEN BIP PRO JAHR BEGRENZT WERDEN.

1% 5% 20%

WELTWEITES BRUTTOINLANDSPRODUKT (BIP) 2011: CA. 69 660 MILLIARDEN US-DOLLAR.

DIE AUSWIRKUNGEN DES KLIMAWANDELS SIND AUCH SCHON BEI UNS IN EUROPA ZU SPÜREN. EIN BEISPIEL: LAUT DEM ERSTEN BAYERISCHEN GLETSCHERBERICHT VON 2012 WERDEN IN 20–30 JAHREN VIER DER FÜNF GLETSCHER IN BAYERN VERSCHWUNDEN SEIN. DEM BERICHT ZUFOLGE REDUZIERTE SICH DIE GESAMTFLÄCHE DER GLETSCHER IN BAYERN SEIT 1820 VON 4 KM² AUF NUR NOCH 0,7 KM².

VOM SCHNEEFERNER-GLETSCHER AUF DER ZUGSPITZE, WO SICH IM 19. JAHRHUNDERT NOCH 300 HA EIS ERSTRECKTEN, SIND GERADE 30 HA ÜBRIG.

JETZT BETREIBT MAN HIER SNOWFARMING: DEN SOMMER ÜBER WIRD EIN TEIL DES GLETSCHERS ZUM SCHUTZ VOR DER SONNE MIT PLANEN ABGEDECKT.

ZUGSPITZE 2030

BAYERN WIRD IN DEN NÄCHSTEN 5 JAHREN MEHR ALS 1 MILLIARDE EURO FÜR DIE ENERGIEWENDE UND DEN KLIMASCHUTZ AUFBRINGEN, DENN IN DEN ALPEN STEIGT DIE TEMPERATUR IM ZUGE DES KLIMAWANDELS DOPPELT SO SCHNELL WIE IM GLOBALEN DURCHSCHNITT.

DER BAYERISCHE UMWELTMINISTER MARCEL HUBER RECHNET BIS ZUM JAHR 2100 MIT EINEM ANSTIEG DER DURCHSCHNITTSTEMPERATUR UM 3–6 °C.

AUFGRUND DES KLIMAWANDELS MÜSSEN WIR IN DEN ALPEN HÄUFIGER ALS FRÜHER MIT STARKREGEN, HOCHWASSER UND MURENABGÄNGEN RECHNEN. AUSSERDEM IST DIE VIELFÄLTIGE TIER- UND PFLANZENWELT DER REGION BEDROHT.

MURENABGANG IN DEN ALPEN 2012. MUREN SIND SCHLAMM- UND GERÖLLLAWINEN. SIE RICHTEN GRÖSSEREN SCHADEN AN ALS ÜBERSCHWEMMUNGEN.

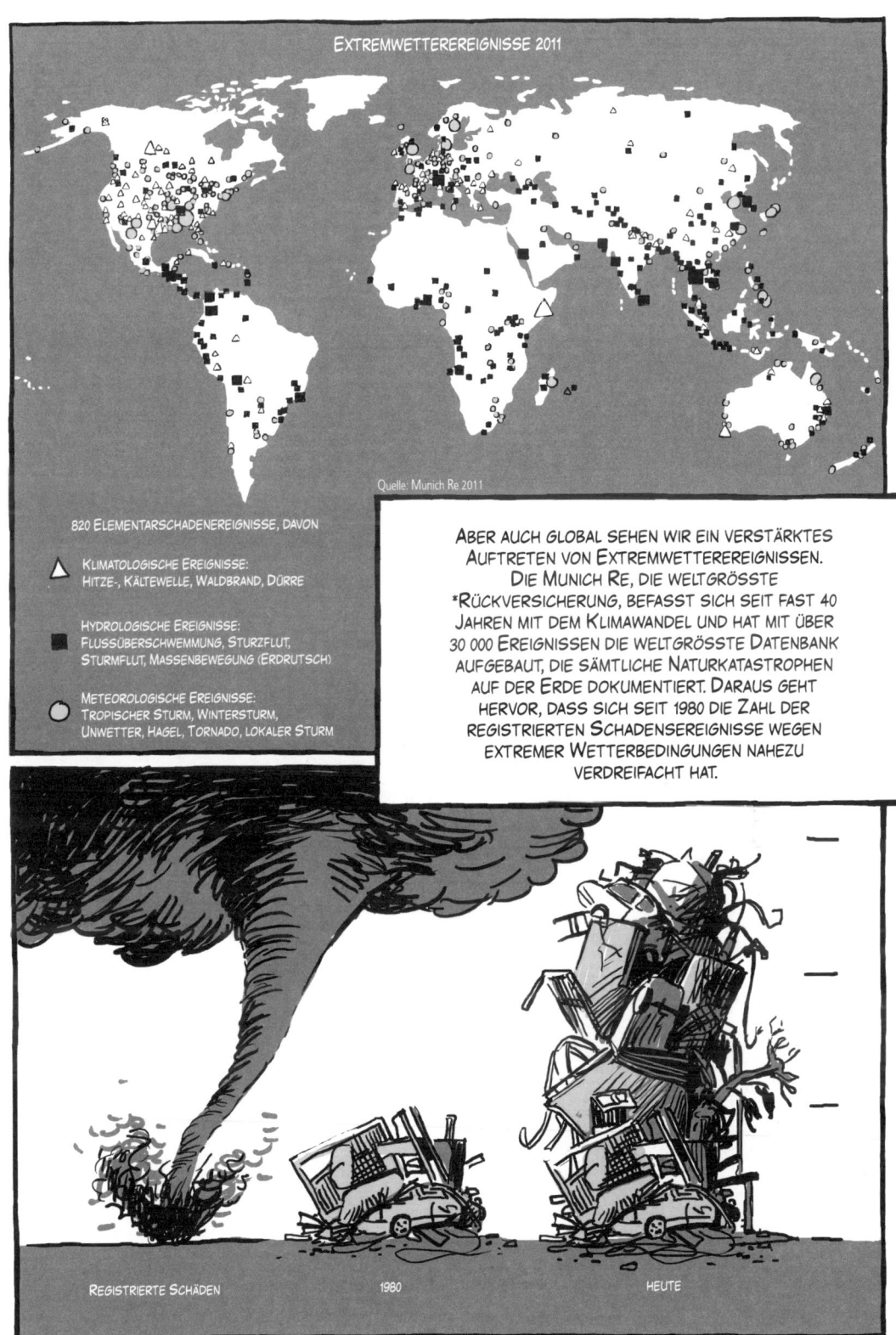

EXTREMWETTEREREIGNISSE 2011

Quelle: Munich Re 2011

820 ELEMENTARSCHADENEREIGNISSE, DAVON

△ KLIMATOLOGISCHE EREIGNISSE:
HITZE-, KÄLTEWELLE, WALDBRAND, DÜRRE

■ HYDROLOGISCHE EREIGNISSE:
FLUSSÜBERSCHWEMMUNG, STURZFLUT,
STURMFLUT, MASSENBEWEGUNG (ERDRUTSCH)

○ METEOROLOGISCHE EREIGNISSE:
TROPISCHER STURM, WINTERSTURM,
UNWETTER, HAGEL, TORNADO, LOKALER STURM

ABER AUCH GLOBAL SEHEN WIR EIN VERSTÄRKTES AUFTRETEN VON EXTREMWETTEREREIGNISSEN. DIE MUNICH RE, DIE WELTGRÖSSTE *RÜCKVERSICHERUNG, BEFASST SICH SEIT FAST 40 JAHREN MIT DEM KLIMAWANDEL UND HAT MIT ÜBER 30 000 EREIGNISSEN DIE WELTGRÖSSTE DATENBANK AUFGEBAUT, DIE SÄMTLICHE NATURKATASTROPHEN AUF DER ERDE DOKUMENTIERT. DARAUS GEHT HERVOR, DASS SICH SEIT 1980 DIE ZAHL DER REGISTRIERTEN SCHADENSEREIGNISSE WEGEN EXTREMER WETTERBEDINGUNGEN NAHEZU VERDREIFACHT HAT.

REGISTRIERTE SCHÄDEN   1980   HEUTE

89

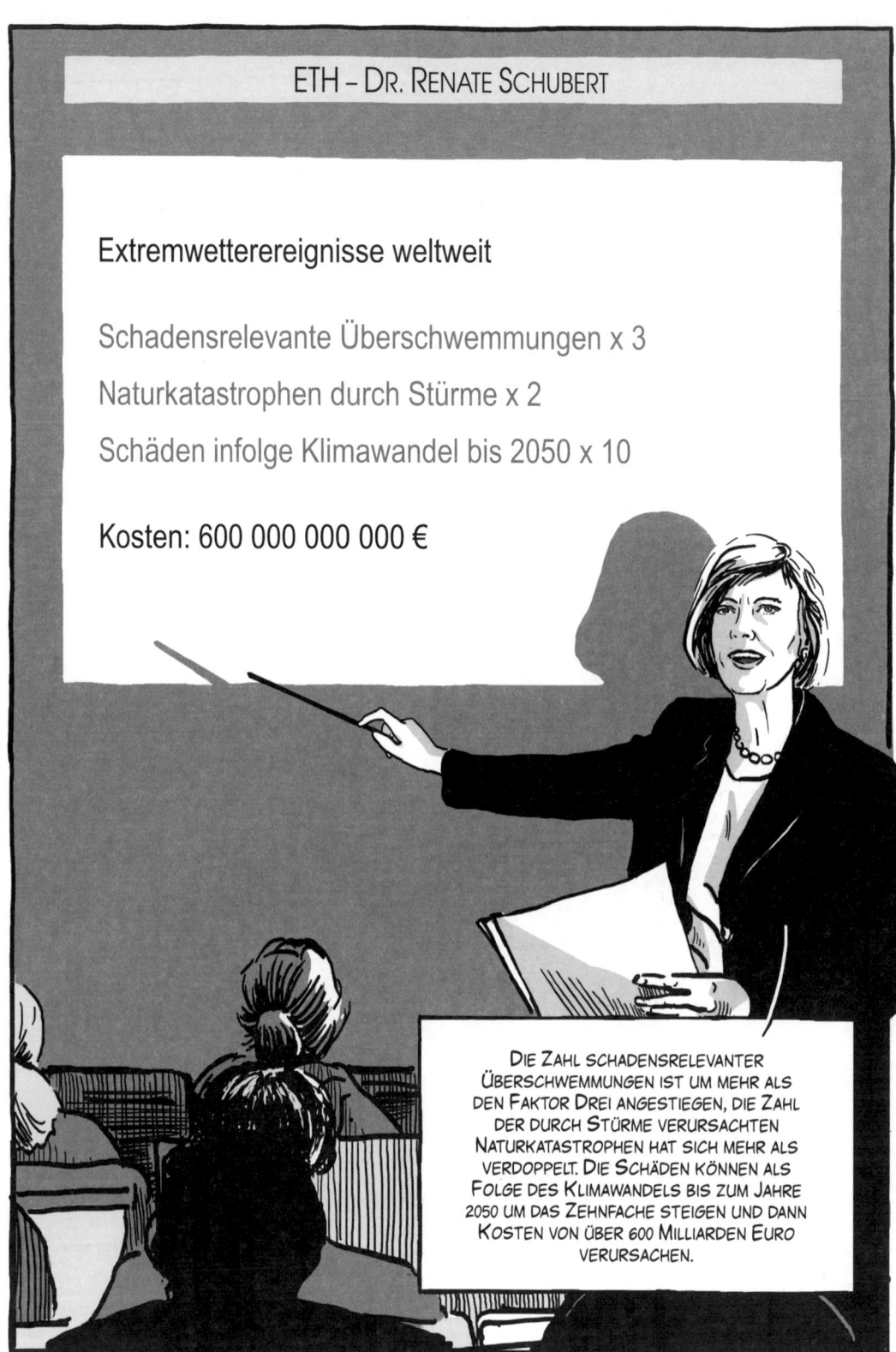

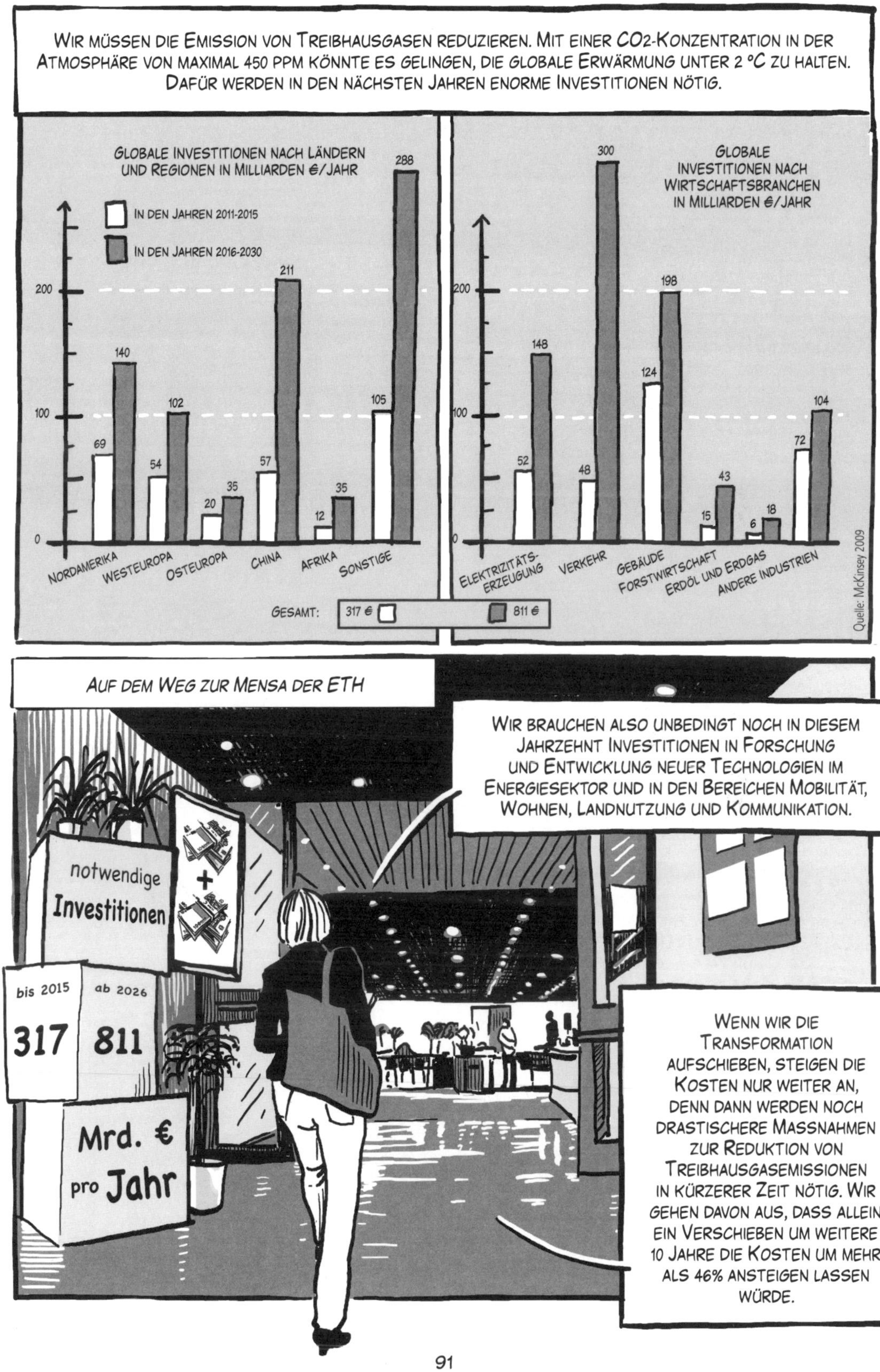

WIR MÜSSEN DIE EMISSION VON TREIBHAUSGASEN REDUZIEREN. MIT EINER CO_2-KONZENTRATION IN DER ATMOSPHÄRE VON MAXIMAL 450 PPM KÖNNTE ES GELINGEN, DIE GLOBALE ERWÄRMUNG UNTER 2 °C ZU HALTEN. DAFÜR WERDEN IN DEN NÄCHSTEN JAHREN ENORME INVESTITIONEN NÖTIG.

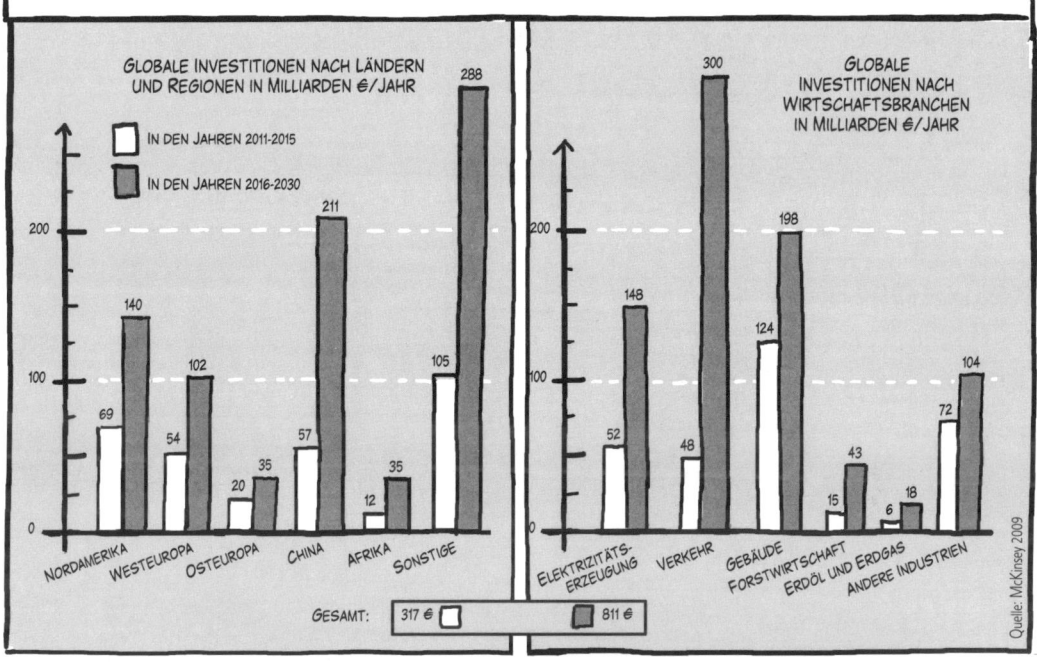

AUF DEM WEG ZUR MENSA DER ETH

WIR BRAUCHEN ALSO UNBEDINGT NOCH IN DIESEM JAHRZEHNT INVESTITIONEN IN FORSCHUNG UND ENTWICKLUNG NEUER TECHNOLOGIEN IM ENERGIESEKTOR UND IN DEN BEREICHEN MOBILITÄT, WOHNEN, LANDNUTZUNG UND KOMMUNIKATION.

notwendige Investitionen

bis 2015	ab 2026
317	811

Mrd. € pro Jahr

WENN WIR DIE TRANSFORMATION AUFSCHIEBEN, STEIGEN DIE KOSTEN NUR WEITER AN, DENN DANN WERDEN NOCH DRASTISCHERE MASSNAHMEN ZUR REDUKTION VON TREIBHAUSGASEMISSIONEN IN KÜRZERER ZEIT NÖTIG. WIR GEHEN DAVON AUS, DASS ALLEIN EIN VERSCHIEBEN UM WEITERE 10 JAHRE DIE KOSTEN UM MEHR ALS 46% ANSTEIGEN LASSEN WÜRDE.

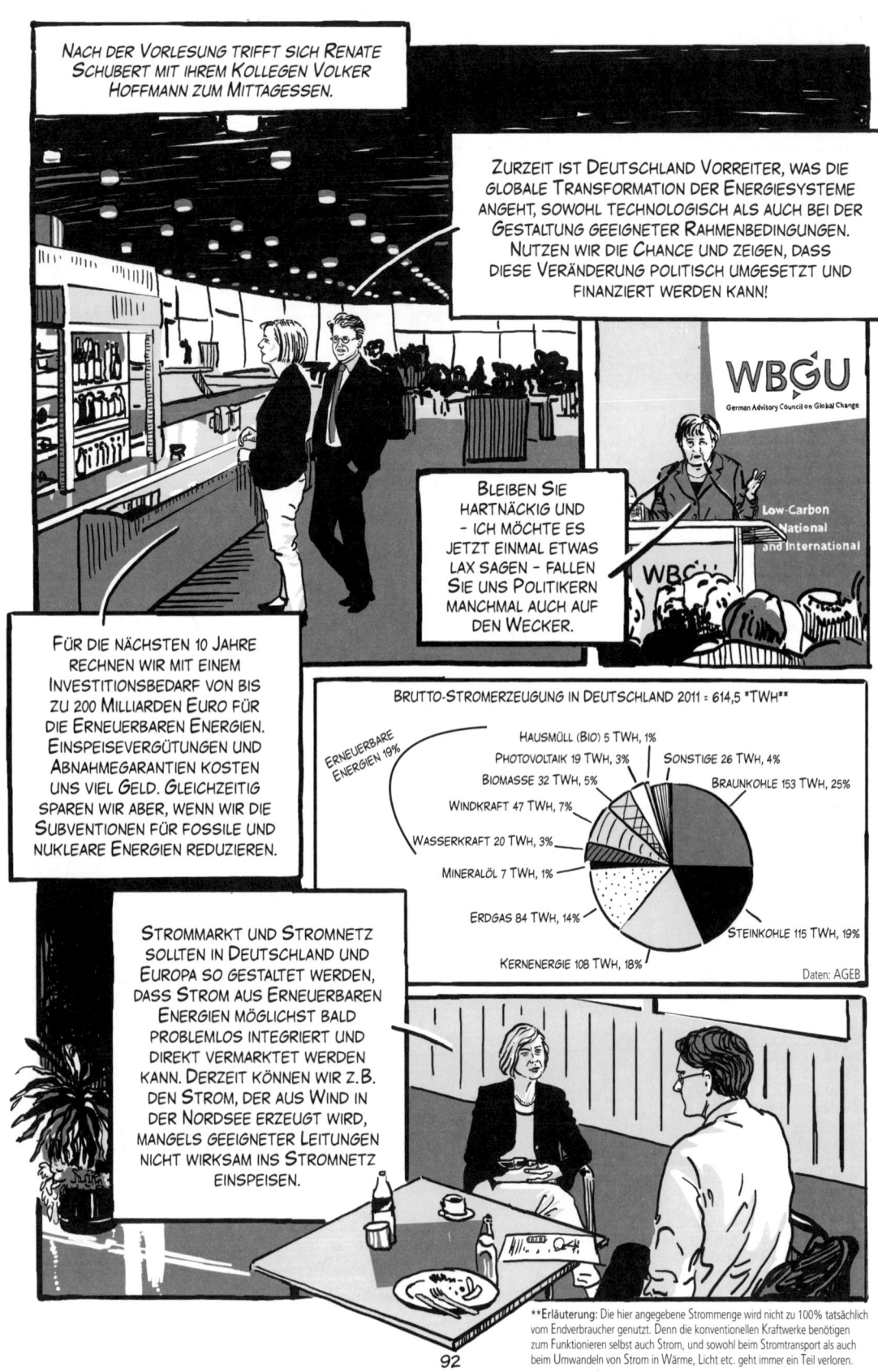

NACH DER VORLESUNG TRIFFT SICH RENATE SCHUBERT MIT IHREM KOLLEGEN VOLKER HOFFMANN ZUM MITTAGESSEN.

ZURZEIT IST DEUTSCHLAND VORREITER, WAS DIE GLOBALE TRANSFORMATION DER ENERGIESYSTEME ANGEHT, SOWOHL TECHNOLOGISCH ALS AUCH BEI DER GESTALTUNG GEEIGNETER RAHMENBEDINGUNGEN. NUTZEN WIR DIE CHANCE UND ZEIGEN, DASS DIESE VERÄNDERUNG POLITISCH UMGESETZT UND FINANZIERT WERDEN KANN!

WBGU
German Advisory Council on Global Change

Low-Carbon
National
and International

WBGU

BLEIBEN SIE HARTNÄCKIG UND – ICH MÖCHTE ES JETZT EINMAL ETWAS LAX SAGEN – FALLEN SIE UNS POLITIKERN MANCHMAL AUCH AUF DEN WECKER.

FÜR DIE NÄCHSTEN 10 JAHRE RECHNEN WIR MIT EINEM INVESTITIONSBEDARF VON BIS ZU 200 MILLIARDEN EURO FÜR DIE ERNEUERBAREN ENERGIEN. EINSPEISEVERGÜTUNGEN UND ABNAHMEGARANTIEN KOSTEN UNS VIEL GELD. GLEICHZEITIG SPAREN WIR ABER, WENN WIR DIE SUBVENTIONEN FÜR FOSSILE UND NUKLEARE ENERGIEN REDUZIEREN.

BRUTTO-STROMERZEUGUNG IN DEUTSCHLAND 2011 = 614,5 *TWH**

ERNEUERBARE ENERGIEN 19%

HAUSMÜLL (BIO) 5 TWH, 1%
PHOTOVOLTAIK 19 TWH, 3%
BIOMASSE 32 TWH, 5%
WINDKRAFT 47 TWH, 7%
WASSERKRAFT 20 TWH, 3%
MINERALÖL 7 TWH, 1%
ERDGAS 84 TWH, 14%
KERNENERGIE 108 TWH, 18%

SONSTIGE 26 TWH, 4%
BRAUNKOHLE 153 TWH, 25%
STEINKOHLE 115 TWH, 19%

Daten: AGEB

STROMMARKT UND STROMNETZ SOLLTEN IN DEUTSCHLAND UND EUROPA SO GESTALTET WERDEN, DASS STROM AUS ERNEUERBAREN ENERGIEN MÖGLICHST BALD PROBLEMLOS INTEGRIERT UND DIREKT VERMARKTET WERDEN KANN. DERZEIT KÖNNEN WIR Z.B. DEN STROM, DER AUS WIND IN DER NORDSEE ERZEUGT WIRD, MANGELS GEEIGNETER LEITUNGEN NICHT WIRKSAM INS STROMNETZ EINSPEISEN.

**Erläuterung: Die hier angegebene Strommenge wird nicht zu 100% tatsächlich vom Endverbraucher genutzt. Denn die konventionellen Kraftwerke benötigen zum Funktionieren selbst auch Strom, und sowohl beim Stromtransport als auch beim Umwandeln von Strom in Wärme, Licht etc. geht immer ein Teil verloren.

EINE WEITERE EMPFEHLUNG IST DIE MOBILISIERUNG VON PRIVATEM KAPITAL. DIE BANKEN SOLLTEN FONDSSTRUKTUREN ANBIETEN, DIE ES PRIVATEN ANLEGERN ERMÖGLICHEN, SICH AN PROJEKTEN FÜR NACHHALTIGE ENERGIESYSTEME ZU BETEILIGEN. WÜRDE MAN NUR EINEN KLEINEN ANTEIL DER WELTWEIT VORHANDENEN PRIVATVERMÖGEN FÜR DIE TRANSFORMATION DER ENERGIESYSTEME EINSETZEN, WÄREN DIE INVESTITIONEN LEICHT FINANZIERBAR.

EINIGE SCHWELLENLÄNDER, BESONDERS CHINA, HABEN AUSREICHENDE ÖFFENTLICHE FINANZMITTEL UND GROSSE DEVISENRESERVEN, AUS DENEN DIE NOTWENDIGEN ANFANGSINVESTITIONEN FINANZIERT WERDEN KÖNNTEN. IM VERGLEICH ZU DEN HOCHVERSCHULDETEN INDUSTRIESTAATEN HABEN SIE ALSO FINANZIELLE STARTVORTEILE, UM IHR ENERGIESYSTEM UMZUBAUEN.

WELTWEITE DEVISENRESERVEN, ANTEILE IN PROZENT, 2010

SONSTIGE   55,2%

CHINA 29,5%

JAPAN 12,3%

USA 0,5%

DEUTSCHLAND 0,5%

ITALIEN 0,4%

FRANKREICH 0,3%

Quellen: World Gold Council, Bloomberg

DIE INVESTITIONEN SIND AUS VERSCHIEDENEN GRÜNDEN SEHR RISKANT UND DAHER NICHT SO ATTRAKTIV FÜR INVESTOREN. HIER KÖNNTEN ETWA STAATLICHE BÜRGSCHAFTEN HELFEN. AUSSERDEM GIBT ES HÄUFIG PROTESTE IN DER BEVÖLKERUNG GEGEN DEN BAU VON WINDKRAFTANLAGEN ODER DAS VERLEGEN VON STROMLEITUNGEN. SOLCHE PROTESTE KÖNNEN EINEN BAU VERHINDERN ODER VERZÖGERN. AUCH DESWEGEN IST ES WICHTIG, DIE BETROFFENEN BÜRGER RECHTZEITIG IN DIE PLANUNGEN EINZUBEZIEHEN.

MIT DER ENERGIEWENDE KÖNNEN WIR UNABHÄNGIGER VOM IMPORT FOSSILER ENERGIETRÄGER WERDEN UND SO UNSERE VERSORGUNGSSICHERHEIT ERHÖHEN. WENN WIR AUSSERDEM NOCH DIE ENERGIEEFFIZIENZ STEIGERN, WERDEN LANGFRISTIG DIE BRENNSTOFFKOSTEN SINKEN. SO HOLEN WIR DIE ANFANGS INVESTIERTEN GELDER WIEDER HEREIN.

IMPORTABHÄNGIGKEIT DER DEUTSCHEN ENERGIEVERSORGUNG 2010
IN PROZENT VOM GESAMTVERBRAUCH (14 044 PJ)

*PETAJOULE (PJ)

5 000

INLANDSANTEIL
IMPORTANTEIL

IMPORTABHÄNGIGKEIT GESAMT:

INLAND 29%
IMPORTE 71%

98%   87%   77%   100%   100%
2%   13%   23%

MINERALÖL   ERDGAS   STEINKOHLE   BRAUNKOHLE   ERNEUERBARE ENERGIEN

Quelle: AGEB

94

UND MASSNAHMEN GEGEN DEN KLIMAWANDEL SCHAFFEN WICHTIGE GESCHÄFTSMÖGLICHKEITEN, WEIL NEUE MÄRKTE FÜR BEI WENIG KOHLENSTOFFEMISSIONEN PRODUZIERTE WAREN, ENERGIETECHNOLOGIEN UND DIENSTLEISTUNGEN GESCHAFFEN WERDEN.

ERNEUERBARE ENERGIEN: 381 600 ARBEITSPLÄTZE IM JAHR 2011

ZAHL DER ARBEITSPLÄTZE NACH BRANCHEN

SOLARENERGIE
125 000 (33%)

BIOENERGIE
124 400 (33%)

WINDENERGIE
101 100 (26%)

GEOTHERMIE
14 200 (4%)

WASSERKRAFT
7300 (2%)

ÖFFENTLICHE/GEMEINNÜTZIGE MITTEL
9600 (3%)

Daten: DLR/DIW/ZSW/GWS/Prognos 2012

DIESE MÄRKTE KÖNNEN AUF WERTE VON JÄHRLICH HUNDERTE VON MILLIARDEN US-DOLLAR ANWACHSEN, UND DIE BESCHÄFTIGUNG IN DIESEN SEKTOREN KANN ENTSPRECHEND EXPANDIEREN. DIE BEKÄMPFUNG DES KLIMAWANDELS BEDEUTET LANGFRISTIG GESEHEN WACHSTUM – SOWOHL FÜR DIE REICHEN ALS AUCH FÜR DIE ARMEN LÄNDER.

KAPITEL 8

AUCH DER STAAT IST GEFORDERT

PROF. DR. SABINE SCHLACKE LEHRT ÖFFENTLICHES RECHT MIT DEM SCHWERPUNKT DEUTSCHES, EUROPÄISCHES UND INTERNATIONALES UMWELTRECHT UND VERWALTUNGSRECHT AN DER UNIVERSITÄT BREMEN.

DAMIT SICH DIE NEUEN MÄRKTE FÜR NACHHALTIGE PRODUKTE UND TECHNOLOGIEN ENTWICKELN KÖNNEN, IST EIN ORDNUNGSRAHMEN NOTWENDIG, DER BEI INVESTOREN VERTRAUEN SCHAFFT.

UNIVERSITÄTSCAMPUS

WIR BRAUCHEN EINEN GESTALTENDEN STAAT, DER NICHT NUR EHRGEIZIGE, SONDERN AUCH VERBINDLICHE UND LANGFRISTIGE ZIELE VORGIBT.

EINE GRUNDLEGENDE AUFGABE DES STAATES IST ES, DAFÜR ZU SORGEN, DASS SEINE BÜRGER SAUBERE LUFT UND SAUBERES TRINKWASSER HABEN, DASS SCHULEN UND VERKEHRSWEGE GEBAUT WERDEN UND DASS DAS ÖKOSYSTEM LEISTUNGSFÄHIG BLEIBT.

AUF DEM WEG ZU IHREM BÜRO PASSIERT SABINE SCHLACKE DAS SCIENCE CENTER „UNIVERSUM BREMEN".

DASS BIENEN DIE BLÜTEN BESTÄUBEN – UNERLÄSSLICH FÜR UNSERE NAHRUNGSMITTELPRODUKTION – KANN MAN ALS *ÖKOSYSTEMDIENSTLEISTUNG BETRACHTEN. VERÄNDERT SICH DAS KLIMA, VERÄNDERT SICH AUCH DIE VEGETATION. NEBEN VIELEN WEITEREN FAKTOREN KANN DIES EIN GRUND FÜR DAS BIENENSTERBEN SEIN, DAS BEREITS EIN WELTWEITES PROBLEM IST.

SO WÄRE ES NUR KONSEQUENT, DEN KLIMASCHUTZ AUSDRÜCKLICH ALS STAATSZIEL IM GRUNDGESETZ ZU VERANKERN UND ALS ZIEL DER EUROPÄISCHEN UNION FESTZULEGEN.

AKTION DER ORGANISATION *GLOBAL 2000 IN ÖSTERREICH

Klimaschutz zum Staatsziel machen

GLOBAL 2000

DAS SCHAFFT VERTRAUEN UND FÖRDERT DIE BEREITSCHAFT, IN NEUE TECHNOLOGIEN ZU INVESTIEREN. ABER NATÜRLICH BRAUCHEN WIR AUCH KONKRETE RECHTLICHE INSTRUMENTE FÜR DIE DURCHSETZUNG VON KLIMASCHUTZMASSNAHMEN.

98

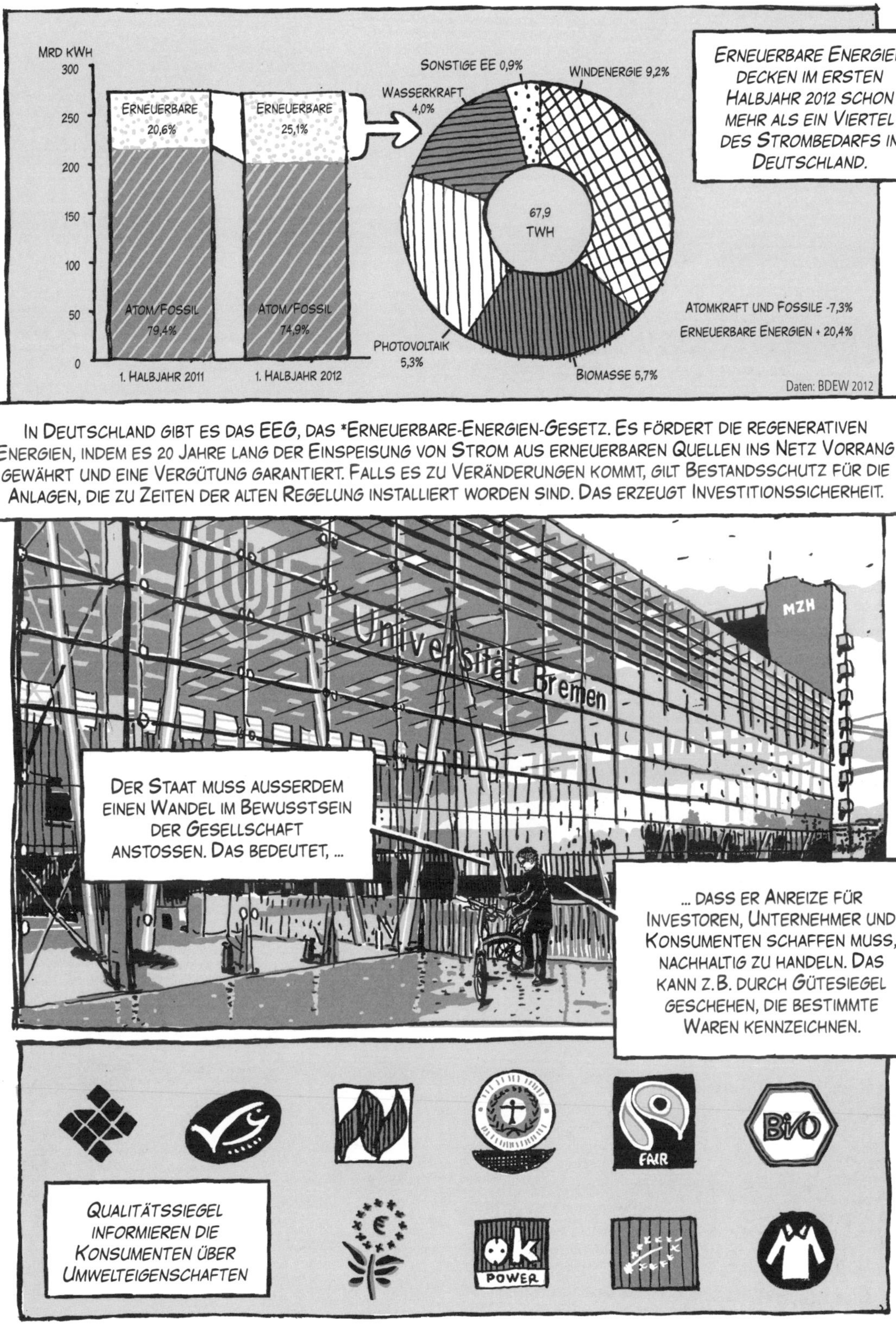

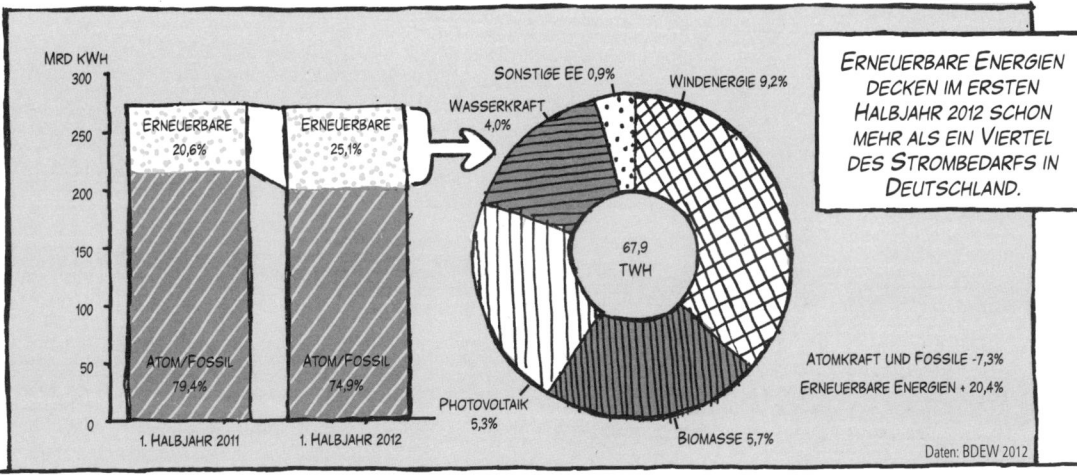

SONSTIGE EE 0,9% WINDENERGIE 9,2%
WASSERKRAFT 4,0%
MRD KWH
300
250 — ERNEUERBARE 20,6% / ERNEUERBARE 25,1%
200
150 — 67,9 TWH
100
50 — ATOM/FOSSIL 79,4% / ATOM/FOSSIL 74,9%
0
1. HALBJAHR 2011   1. HALBJAHR 2012
PHOTOVOLTAIK 5,3%
BIOMASSE 5,7%
ATOMKRAFT UND FOSSILE -7,3%
ERNEUERBARE ENERGIEN + 20,4%

Daten: BDEW 2012

ERNEUERBARE ENERGIEN DECKEN IM ERSTEN HALBJAHR 2012 SCHON MEHR ALS EIN VIERTEL DES STROMBEDARFS IN DEUTSCHLAND.

IN DEUTSCHLAND GIBT ES DAS EEG, DAS *ERNEUERBARE-ENERGIEN-GESETZ. ES FÖRDERT DIE REGENERATIVEN ENERGIEN, INDEM ES 20 JAHRE LANG DER EINSPEISUNG VON STROM AUS ERNEUERBAREN QUELLEN INS NETZ VORRANG GEWÄHRT UND EINE VERGÜTUNG GARANTIERT. FALLS ES ZU VERÄNDERUNGEN KOMMT, GILT BESTANDSSCHUTZ FÜR DIE ANLAGEN, DIE ZU ZEITEN DER ALTEN REGELUNG INSTALLIERT WORDEN SIND. DAS ERZEUGT INVESTITIONSSICHERHEIT.

DER STAAT MUSS AUSSERDEM EINEN WANDEL IM BEWUSSTSEIN DER GESELLSCHAFT ANSTOSSEN. DAS BEDEUTET, ...

... DASS ER ANREIZE FÜR INVESTOREN, UNTERNEHMER UND KONSUMENTEN SCHAFFEN MUSS, NACHHALTIG ZU HANDELN. DAS KANN Z.B. DURCH GÜTESIEGEL GESCHEHEN, DIE BESTIMMTE WAREN KENNZEICHNEN.

QUALITÄTSSIEGEL INFORMIEREN DIE KONSUMENTEN ÜBER UMWELTEIGENSCHAFTEN

FRAU SCHLACKE, DER JOURNALIST VON RADIO BREMEN VON DER SENDUNG „BUTEN UN BINNEN" IST AM TELEFON WEGEN IHRES BEITRAGS ZUM THEMA EMISSIONSHANDEL.

WAS UNTERNEHMEN ANGEHT, IST DIE WICHTIGSTE POLITISCHE MASSNAHME ZUR DEKARBONISIERUNG UND KLIMAVERTRÄGLICHKEIT DIE DURCHSETZUNG EINES PREISES FÜR DEN CO_2-AUSSTOSS; DARAUF BERUHT DER EMISSIONSHANDEL. FÜR DIE GROSSE TRANSFORMATION UNSERER GESELLSCHAFT IST ER UNBEDINGT NOTWENDIG.

DER EMISSIONSHANDEL, DER IN DER EU BEREITS PRAKTIZIERT WIRD, FUNKTIONIERT SO: UNTERNEHMEN BEKOMMEN VON DEN EU-MITGLIEDSTAATEN DAS RECHT ZUGETEILT, EINE BESTIMMTE MENGE TREIBHAUSGASE IN DIE ATMOSPHÄRE AUSZUSTOSSEN.

WER SEINE TREIBHAUSGASEMISSIONEN REDUZIERT, KANN DANN EINEN TEIL SEINER RECHTE IN FORM VON ZERTIFIKATEN AN EIN ANDERES UNTERNEHMEN VERKAUFEN, DAS MEHR EMISSIONEN VERURSACHT, ALS ES EMISSIONSRECHTE HAT.

11.05.12 DIE WELT Forschungsergebnisse

ALLERGIE-BOOM IN DEUTSCHLAND
ERDERWÄRMUNG SORGT FÜR LÄNGERE POLLENPLAGE

DIE WELT VOM 11.5.2012: DIE FOLGEKOSTEN FÜR DAS GESUNDHEITSSYSTEM STEIGEN

SO EIN HANDELSSYSTEM WIRD AUF DAUER NUR FUNKTIONIEREN, WENN DER PREIS FÜR CO_2-EMISSIONEN DIE REALEN KOSTEN FÜR DIE GESELLSCHAFT, ALSO AUCH DIE FOLGEKOSTEN, ABDECKT. AM BEISPIEL DES EMISSIONSHANDELS ZEIGT SICH SCHON, DASS WIR NICHT MEHR NUR NATIONAL, SONDERN EUROPAWEIT UND INTERNATIONAL DENKEN UND PLANEN MÜSSEN. DAS IST ÜBRIGENS AUCH BEI DER PLANUNG VON INFRASTRUKTUREN WIE Z.B. STROMNETZEN NÖTIG.

INTERNATIONALE PLANUNG ZIEHT ABER UMFANGREICHE UND OFT LANGWIERIGE ABSTIMMUNGSPROZESSE NACH SICH, DIE SCHNELLES HANDELN BEHINDERN. SOLCHE BLOCKADEN UND HINDERNISSE MÜSSEN ÜBERWUNDEN WERDEN. DASS SO ETWAS MÖGLICH IST, HAT MAN AN DEN EU-WEITEN SCHNELLEN BANKENRETTUNGSAKTIONEN WÄHREND DER KRISE 2009 GESEHEN.

BANK

EINE ANDERE SCHWIERIGKEIT IST, DASS DIE POLITIK IN DEMOKRATIEN IN RELATIV KURZEN WAHLPERIODEN GETAKTET IST UND SCHNELL WIRKSAME UND MASSENMEDIAL VERMITTELBARE MASSNAHMEN OFT VOM WÄHLER BELOHNT WERDEN. AUF LANGFRISTIGE ZIELE HINZUARBEITEN IST DA EHER UNATTRAKTIV.

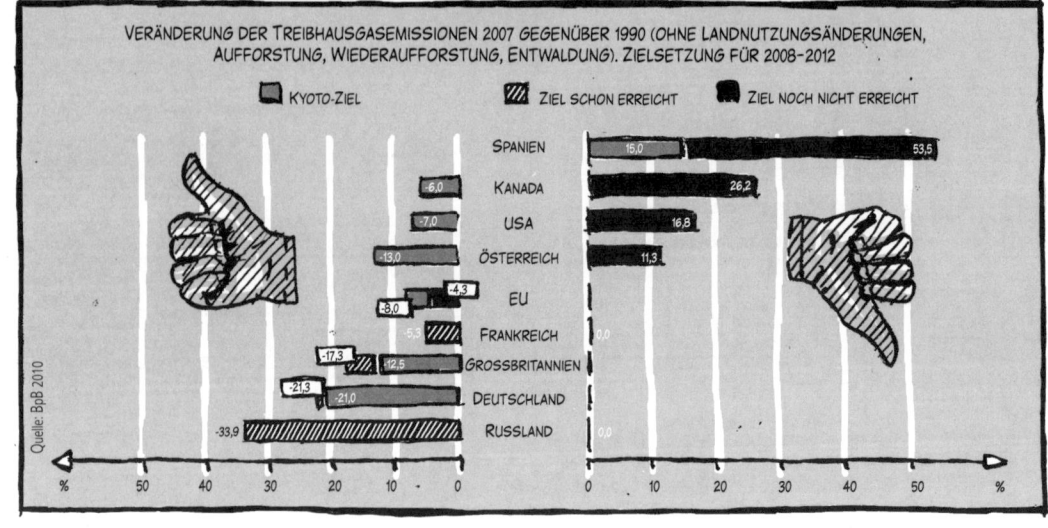

DER SPIEGEL

SCHROTT SEI DANK

Die Abwrackprämie: Bilanz einer deutschen Subventions-Orgie

BREMERHAVEN

AUSSERDEM IST DER POLITISCHE EINFLUSS EINIGER LOBBYVERBÄNDE, Z.B. DER ÖL- ODER KOHLEPRODUZENTEN, DER CHEMISCHEN INDUSTRIE ODER DER ENERGIEINTENSIVEN AUTOMOBIL-INDUSTRIE, DEUTLICH GRÖSSER ALS DER EINFLUSS ZIVILGESELLSCHAFTLICHER ORGANISATIONEN ODER DER „GRÜNEN" INDUSTRIE.

KYOTO

NA, WOLLEN DIE JETZT AUCH GELD VON DIR?

UND GLOBAL GESEHEN TRETEN LÄNDER WIE DIE USA UND CHINA WICHTIGEN INTERNATIONALEN ABKOMMEN WIE DER *UN-KLIMARAHMENKONVENTION UND DEM *KYOTO-PROTOKOLL GAR NICHT ERST BEI. ODER SIE STEIGEN WIEDER AUS, SOBALD ES ANS ZAHLEN GEHT – SO WIE KANADA 2011.

VERÄNDERUNG DER TREIBHAUSGASEMISSIONEN 2007 GEGENÜBER 1990 (OHNE LANDNUTZUNGSÄNDERUNGEN, AUFFORSTUNG, WIEDERAUFFORSTUNG, ENTWALDUNG). ZIELSETZUNG FÜR 2008–2012

	KYOTO-ZIEL	ZIEL SCHON ERREICHT	ZIEL NOCH NICHT ERREICHT

Quelle: BpB 2010

Land	Ziel	Wert erreicht	Wert nicht erreicht
SPANIEN	15,0		53,5
KANADA	-6,0		26,2
USA	-7,0		16,8
ÖSTERREICH	-13,0		11,3
EU	-4,3 / -8,0		
FRANKREICH	-5,2	0,0	
GROSSBRITANNIEN	-17,3	-12,5	
DEUTSCHLAND	-21,3 / -21,0		
RUSSLAND	-33,9	0,0	

% 50 40 30 20 10 0   0 10 20 30 40 50 %

DAMIT DIE GLOBALE TRANSFORMATION GELINGT, MÜSSEN ABER VOR ALLEM DIE SCHWELLENLÄNDER, DIE JA EINEN STEIGENDEN ENERGIEVERBRAUCH HABEN, ZU AKTEUREN DES UMBAUS WERDEN.

IN CHINA WÄCHST DIE WIRTSCHAFT UND DAMIT DER ENERGIEBEDARF KRÄFTIG AN.

DIE REGIERUNG INVESTIERT MASSIV SOWOHL IN DEN AUSBAU VON KOHLEKRAFTWERKEN ALS AUCH IN DEN DER ERNEUERBAREN ENERGIEN. BIS ZUM JAHR 2020 SOLL SICH DER ENERGIEGEWINN AUS WINDKRAFT, PHOTOVOLTAIK UND BIOMASSE VERVIERFACHEN.

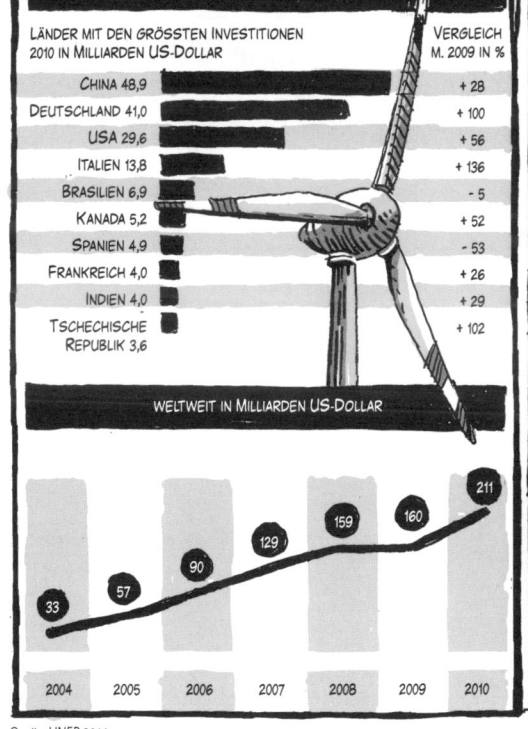

INVESTITIONEN IN ERNEUERBARE ENERGIEN

LÄNDER MIT DEN GRÖSSTEN INVESTITIONEN 2010 IN MILLIARDEN US-DOLLAR	VERGLEICH M. 2009 IN %
CHINA 48,9	+ 28
DEUTSCHLAND 41,0	+ 100
USA 29,6	+ 56
ITALIEN 13,8	+ 136
BRASILIEN 6,9	- 5
KANADA 5,2	+ 52
SPANIEN 4,9	- 53
FRANKREICH 4,0	+ 26
INDIEN 4,0	+ 29
TSCHECHISCHE REPUBLIK 3,6	+ 102

WELTWEIT IN MILLIARDEN US-DOLLAR

2004	2005	2006	2007	2008	2009	2010
33	57	90	129	159	160	211

Quelle: UNEP 2011

PRODUKTION VON DÜNNFILM-SOLARZELLEN IN CHINA

DAMIT WILL DAS LAND SEINEN HOHEN CO2-AUSSTOSS VERRINGERN UND UNABHÄNGIGER VON DEN ÖLPREISEN AUF DEM WELTMARKT WERDEN. DER MARKT FÜR „GRÜNE" TECHNOLOGIEN WIRD AUF 500 MILLIARDEN BIS 1 BILLION US-DOLLAR JÄHRLICH GESCHÄTZT, ...

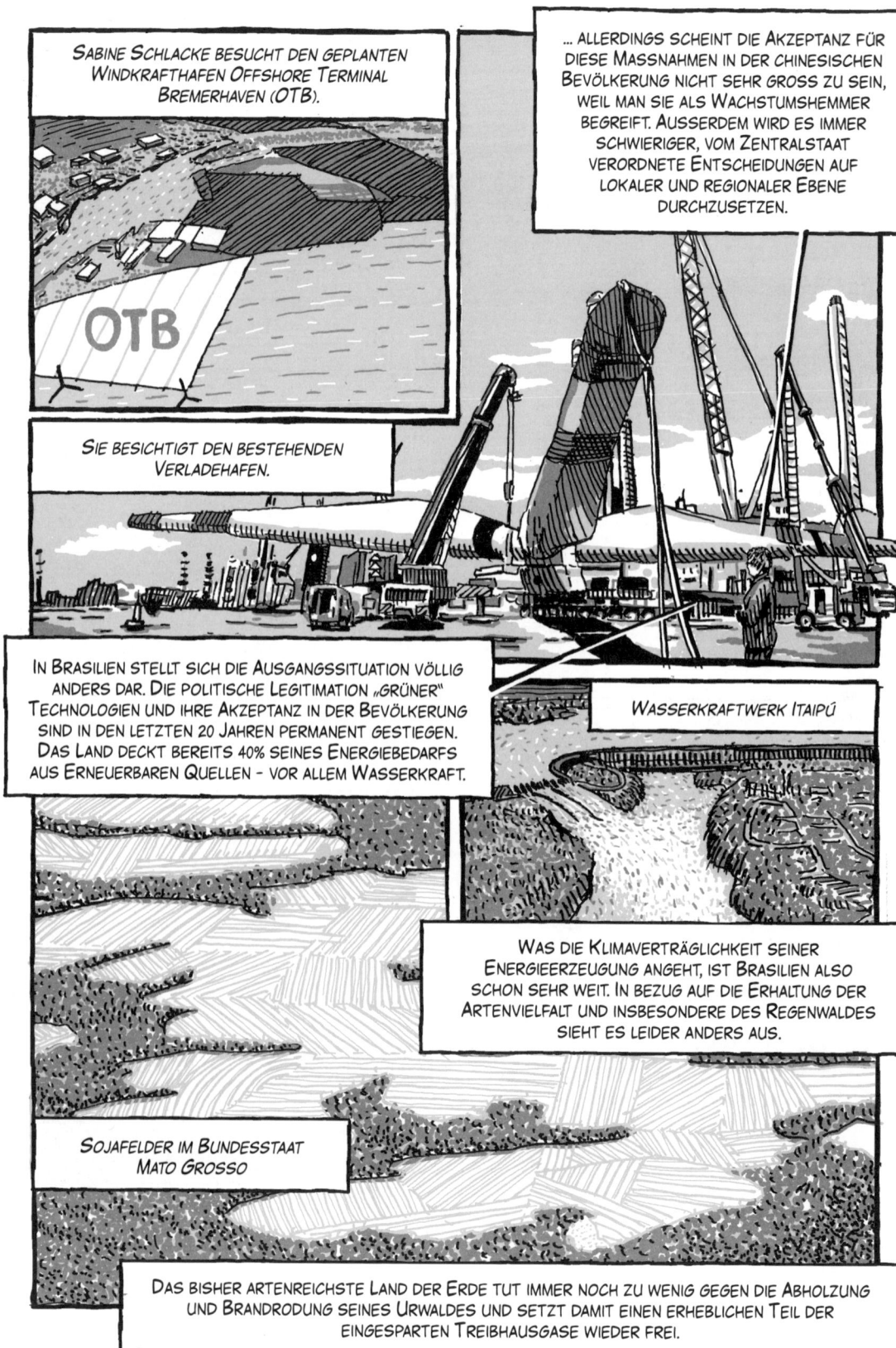

SABINE SCHLACKE BESUCHT DEN GEPLANTEN WINDKRAFTHAFEN OFFSHORE TERMINAL BREMERHAVEN (OTB).

OTB

... ALLERDINGS SCHEINT DIE AKZEPTANZ FÜR DIESE MASSNAHMEN IN DER CHINESISCHEN BEVÖLKERUNG NICHT SEHR GROSS ZU SEIN, WEIL MAN SIE ALS WACHSTUMSHEMMER BEGREIFT. AUSSERDEM WIRD ES IMMER SCHWIERIGER, VOM ZENTRALSTAAT VERORDNETE ENTSCHEIDUNGEN AUF LOKALER UND REGIONALER EBENE DURCHZUSETZEN.

SIE BESICHTIGT DEN BESTEHENDEN VERLADEHAFEN.

IN BRASILIEN STELLT SICH DIE AUSGANGSSITUATION VÖLLIG ANDERS DAR. DIE POLITISCHE LEGITIMATION „GRÜNER" TECHNOLOGIEN UND IHRE AKZEPTANZ IN DER BEVÖLKERUNG SIND IN DEN LETZTEN 20 JAHREN PERMANENT GESTIEGEN. DAS LAND DECKT BEREITS 40% SEINES ENERGIEBEDARFS AUS ERNEUERBAREN QUELLEN – VOR ALLEM WASSERKRAFT.

WASSERKRAFTWERK ITAIPÚ

WAS DIE KLIMAVERTRÄGLICHKEIT SEINER ENERGIEERZEUGUNG ANGEHT, IST BRASILIEN ALSO SCHON SEHR WEIT. IN BEZUG AUF DIE ERHALTUNG DER ARTENVIELFALT UND INSBESONDERE DES REGENWALDES SIEHT ES LEIDER ANDERS AUS.

SOJAFELDER IM BUNDESSTAAT MATO GROSSO

DAS BISHER ARTENREICHSTE LAND DER ERDE TUT IMMER NOCH ZU WENIG GEGEN DIE ABHOLZUNG UND BRANDRODUNG SEINES URWALDES UND SETZT DAMIT EINEN ERHEBLICHEN TEIL DER EINGESPARTEN TREIBHAUSGASE WIEDER FREI.

INDIEN, MIT GUT EINER MILLIARDE
EINWOHNERN, PRODUZIERTE
2006 NOCH IMMER MEHR ALS DIE
HÄLFTE SEINER ELEKTRIZITÄT IN
VERALTETEN KOHLEKRAFTWERKEN.
DAS STROMNETZ IST MARODE, UND
UNZÄHLIGE DÖRFER SIND NOCH NICHT
AN DIE ZENTRALE VERSORGUNG
ANGESCHLOSSEN.

VERTEILUNG DER ERNEUERBAREN ENERGIEN
2006–2007

● KLEINE WASSERKRAFTANLAGEN
BIS 25 MEGAWATT

□ BIOMASSE

▲ WINDKRAFT

Nach: MNRE 2006/7

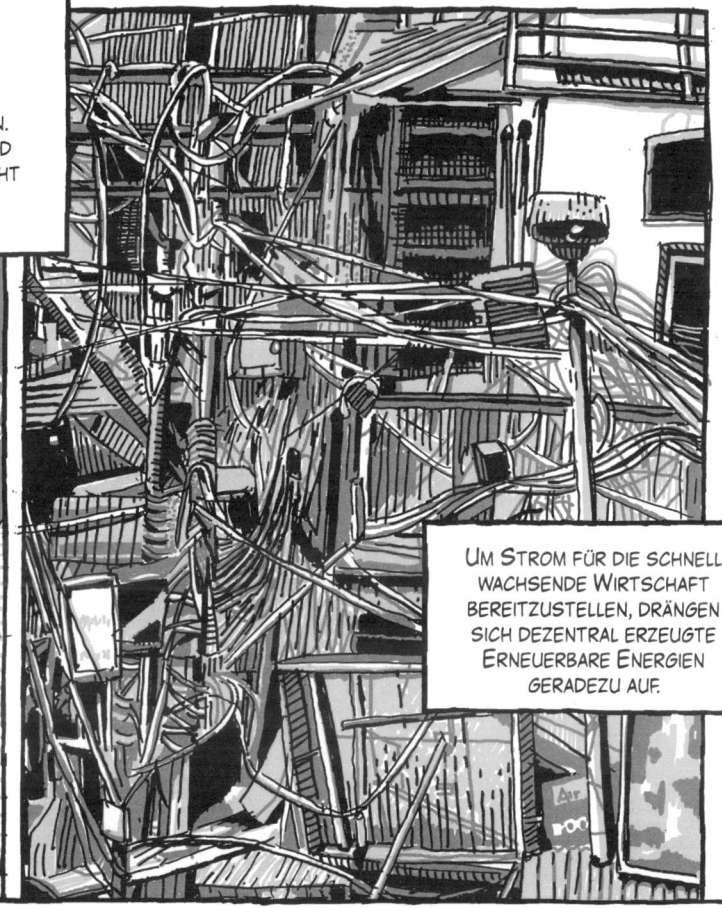

UM STROM FÜR DIE SCHNELL
WACHSENDE WIRTSCHAFT
BEREITZUSTELLEN, DRÄNGEN
SICH DEZENTRAL ERZEUGTE
ERNEUERBARE ENERGIEN
GERADEZU AUF.

DAS LAND HAT FRÜHZEITIG DIE STRATEGISCHE BEDEUTUNG DER ERNEUERBAREN ENERGIEN ERKANNT UND 1992
EIN EIGENES MINISTERIUM FÜR „NICHT-KONVENTIONELLE ENERGIE" GESCHAFFEN. DIE REGIERUNG FÖRDERT
DIE ERFORSCHUNG UND ENTWICKLUNG NEUER TECHNOLOGIEN AUF DEM ENERGIESEKTOR, UND INDIEN IST DEM
KYOTO-PROTOKOLL BEIGETRETEN.

SABINE SCHLACKE TRIFFT SICH AM
HAFEN MIT DEMONSTRANTEN.

DER HAFENAUSBAU ZERSTÖRT EIN
WICHTIGES NATURSCHUTZGEBIET. DAS
WOLLEN WIR VERHINDERN.

WORUM GEHT ES
IHNEN GENAU?

DIESES BEISPIEL ZEIGT, DASS KLIMASCHUTZ AUCH MIT ÖKOLOGISCHEN ZIELEN IN KONFLIKT KOMMEN KANN. DER
STAAT MUSS AUF DIESE KONFLIKTE EINGEHEN. DAS RECHT KANN DABEI EINE ORDNUNG FÜR DEN AUSGLEICH DER
INTERESSEN VORSEHEN. OHNE ÖFFENTLICHKEIT, OHNE MITWIRKUNG DER BEVÖLKERUNG WIRD ES NIRGENDWO
GELINGEN, EINE NACHHALTIG UND KLIMAVERTRÄGLICH WIRTSCHAFTENDE GESELLSCHAFT ZU SCHAFFEN.

KAPITEL 9

DIE POLITIK SCHAFFT DAS NICHT ALLEIN

PROF. DR. CLAUS LEGGEWIE IST POLITIKWISSENSCHAFTLER UND DIREKTOR DES *KULTURWISSENSCHAFTLICHEN INSTITUTS ESSEN (KWI).

UM DIE GROSSE TRANSFORMATION ZU ERREICHEN, MÜSSTEN WIR ALLE UNSERE WERTHALTUNGEN ÜBERDENKEN. LEIDER HABEN WIR ES HIER MIT EINEM STARKEN BEHARRUNGSVERMÖGEN ZU TUN, DEM „INNEREN SCHWEINEHUND".

KOHLE NUR NOCH ZUM GRILLEN!

ENERGIEWENDE JETZT

ZUR ABWECHSLUNG MAL VEGETARISCHE KOST AUF DEN SPEISEPLAN ZU SETZEN, IST KEIN GROSSER VERZICHT, BIETET ABER DIE MÖGLICHKEIT, SICH NICHT NUR GESÜNDER ZU ERNÄHREN, SONDERN AUCH NOCH NACHHALTIG ZU HANDELN UND „NEBENBEI" DAS KLIMA ZU SCHÜTZEN.

SAG MAL, DU ISST WIRKLICH KEIN FLEISCH? UND DU BIST SICHER, DASS DIR NICHTS FEHLT?

KEINE REGIERUNG DARF EIN GESETZ VERABSCHIEDEN, DAS ALLE BÜRGER ZU VEGETARIERN MACHT. DAS WÄRE EINE TUGENDDIKTATUR. SIE KANN ABER EINE ÜBERZEUGUNGSKAMPAGNE STARTEN, DIE LUST AUF NEUES MACHT, CHANCEN EINER SOLCHEN TRANSFORMATION AUFZEIGT UND SIE MIT VORSTELLUNGEN EINES GUTEN LEBENS VERBINDET, DIE BEI DER MEHRHEIT DER MENSCHEN OHNEHIN VORHANDEN SIND.

RUDOLF & PARTNER WERBEAGENTUR

IN DER WERBEAGENTUR

HERR RUDOLF, DAS UMWELTMINISTERIUM ... SIE WOLLEN EINE KAMPAGNE FÜR VEGETARISCHE KOST STARTEN.

GUT, GEBEN SIE HER.

MEIN ANSATZ IST ZU ZEIGEN, DASS DIE GRÖSSTEN TIERE PFLANZENFRESSER SIND. DAS WIRD EIN TOTALER EYECATCHER!

WIR LAUNCHEN IN ALLEN GROSSSTÄDTEN GLEICHZEITIG, WIR MÜSSEN DA MIT DEM SOCIAL STREAM SCHWIMMEN.

DIE GRÖSSTEN ESSEN NUR GEMÜSE

DEMOKRATISCHE LEGITIMATION IST MEHR ALS BLOSSE BESCHAFFUNG VON AKZEPTANZ. SIE HAT NEBEN DEM OUTPUT, ALSO DEM, WAS BEI DER POLITIK FÜR DEN BÜRGER HERAUSKOMMT, IMMER AUCH EINEN INPUT: NÄMLICH DIE BETEILIGUNG DER BEVÖLKERUNG AN DEN ENTSCHEIDUNGEN. DAS GESCHIEHT IN EINER DEMOKRATIE ÜBER DIE AKTIVE MEHRHEITLICHE ZUSTIMMUNG ZU EINER ANGELEGENHEIT, Z.B. ÜBER WAHLEN ODER ABSTIMMUNGEN.

PARTIZIPATION IST DAS BESTE MITTEL, LEGITIMATION IN DER BEVÖLKERUNG ZU ERLANGEN: WENN MENSCHEN AKTIV AN POLITISCHEN ENTSCHEIDUNGSPROZESSEN TEILHABEN – OB ÜBER UNTERSCHRIFTENLISTEN ODER BÜRGERINITIATIVEN – SIND SIE ALS HANDELNDE EINGEBUNDEN. SIE BETEILIGEN SICH AN DEN ENTSCHEIDUNGSFINDUNGEN, KÖNNEN DIESE NACHVOLLZIEHEN UND DANN AUCH MITTRAGEN.

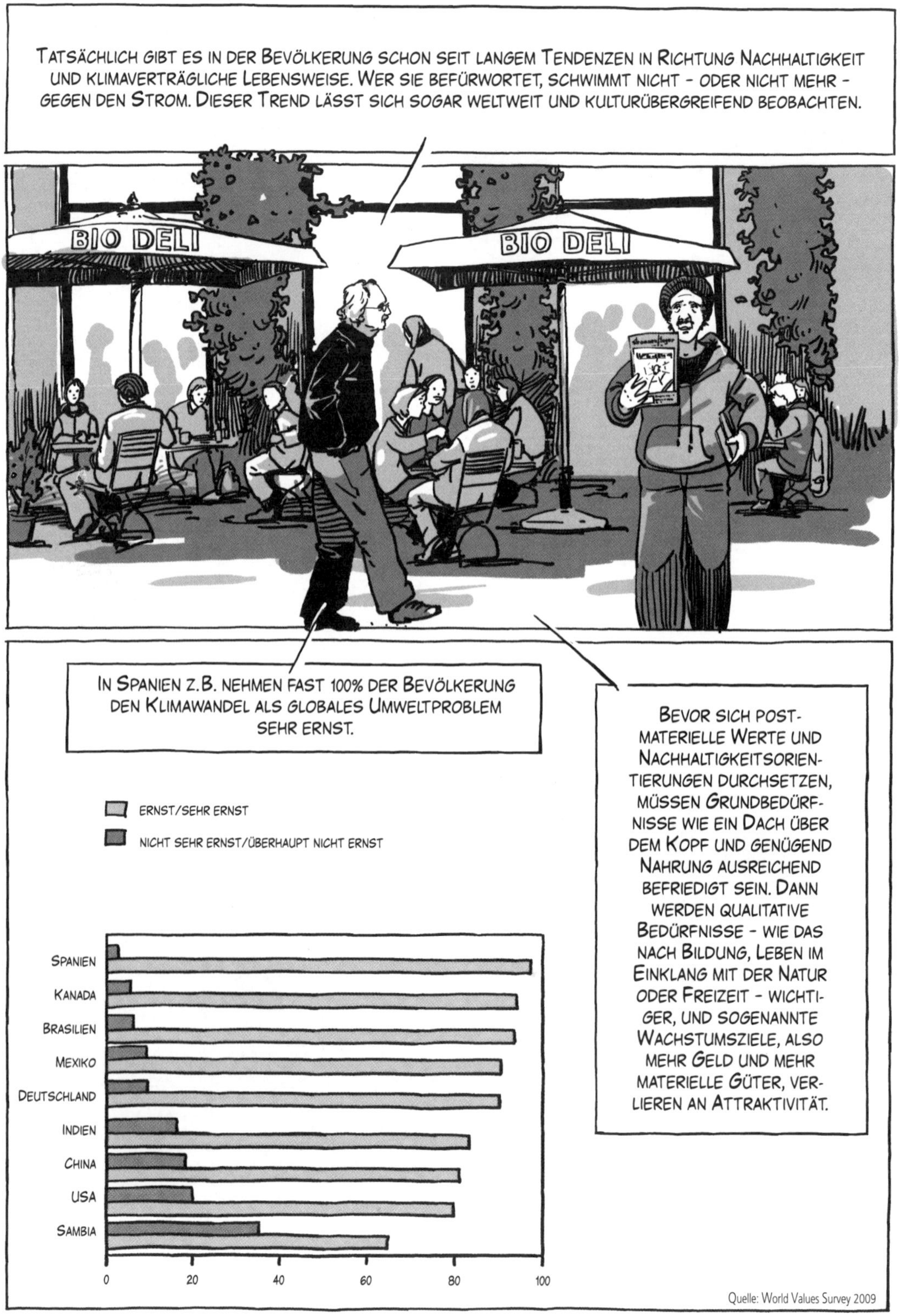

TATSÄCHLICH GIBT ES IN DER BEVÖLKERUNG SCHON SEIT LANGEM TENDENZEN IN RICHTUNG NACHHALTIGKEIT UND KLIMAVERTRÄGLICHE LEBENSWEISE. WER SIE BEFÜRWORTET, SCHWIMMT NICHT – ODER NICHT MEHR – GEGEN DEN STROM. DIESER TREND LÄSST SICH SOGAR WELTWEIT UND KULTURÜBERGREIFEND BEOBACHTEN.

IN SPANIEN Z.B. NEHMEN FAST 100% DER BEVÖLKERUNG DEN KLIMAWANDEL ALS GLOBALES UMWELTPROBLEM SEHR ERNST.

BEVOR SICH POST-MATERIELLE WERTE UND NACHHALTIGKEITSORIENTIERUNGEN DURCHSETZEN, MÜSSEN GRUNDBEDÜRFNISSE WIE EIN DACH ÜBER DEM KOPF UND GENÜGEND NAHRUNG AUSREICHEND BEFRIEDIGT SEIN. DANN WERDEN QUALITATIVE BEDÜRFNISSE – WIE DAS NACH BILDUNG, LEBEN IM EINKLANG MIT DER NATUR ODER FREIZEIT – WICHTIGER, UND SOGENANNTE WACHSTUMSZIELE, ALSO MEHR GELD UND MEHR MATERIELLE GÜTER, VERLIEREN AN ATTRAKTIVITÄT.

☐ ERNST/SEHR ERNST

☐ NICHT SEHR ERNST/ÜBERHAUPT NICHT ERNST

SPANIEN
KANADA
BRASILIEN
MEXIKO
DEUTSCHLAND
INDIEN
CHINA
USA
SAMBIA

0   20   40   60   80   100

Quelle: World Values Survey 2009

112

BEI DER ERNÄHRUNG WIRD DAS GANZ DEUTLICH: ES GEHT NICHT DARUM, MÖGLICHST VIEL ZU ESSEN ZU HABEN, ...

... SONDERN MÖGLICHST GUT ZU ESSEN UND DABEI NOCH ZU BERÜCKSICHTIGEN, DASS MAN MIT SEINEM ERNÄHRUNGSVERHALTEN NICHT SICH SELBST ODER ANDERE SCHÄDIGT.

BEIM „PURSUIT OF HAPPINESS", ALSO DEM STREBEN NACH GLÜCK, SPIELEN IMMATERIELLE FAKTOREN, WIE DIE EINBETTUNG IN GEMEINSCHAFTEN UND NETZWERKE VOR ALLEM FAMILIÄRER ART, EINE ROLLE. ABER AUCH EIN ERFÜLLTES FREIZEITLEBEN IST WICHTIG. DAS HABEN STUDIEN DER VERGANGENEN JAHRE GEZEIGT.

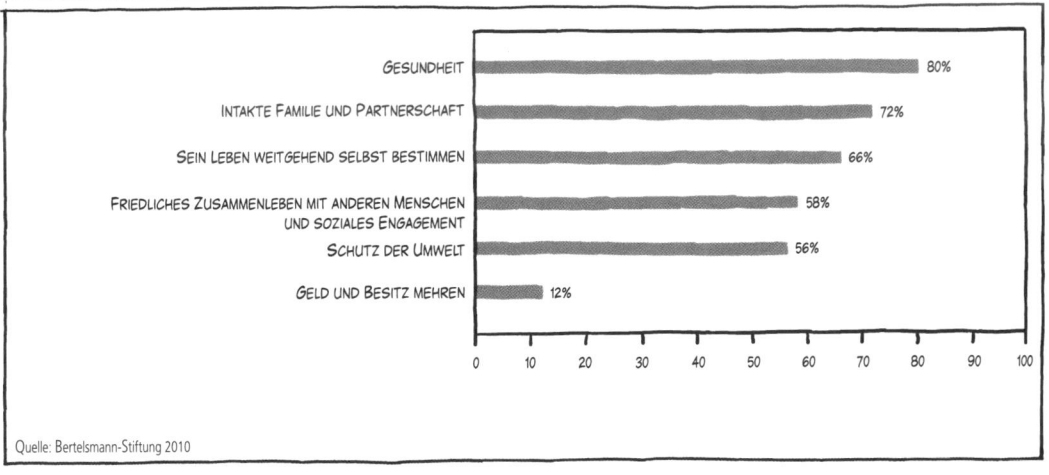

GESUNDHEIT	80%
INTAKTE FAMILIE UND PARTNERSCHAFT	72%
SEIN LEBEN WEITGEHEND SELBST BESTIMMEN	66%
FRIEDLICHES ZUSAMMENLEBEN MIT ANDEREN MENSCHEN UND SOZIALES ENGAGEMENT	58%
SCHUTZ DER UMWELT	56%
GELD UND BESITZ MEHREN	12%

0 10 20 30 40 50 60 70 80 90 100

Quelle: Bertelsmann-Stiftung 2010

FÜR MICH BEDEUTET EIN „GUTES LEBEN", NICHT NUR MEINEM EIGENEN LEBENSENTWURF ZU FOLGEN – WAS SCHON MAL GUT IST –, SONDERN AUCH VERANTWORTUNG FÜR ANDERE UND KÜNFTIGE GENERATIONEN ZU ÜBERNEHMEN. ALSO NICHT AUSSENGELEITET UND EGOISTISCH ZU LEBEN, SONDERN KOMPATIBEL MIT MEINER UMWELT. SMARTPHONES SIND Z.B. SEHR ANGESAGT – UND DAS IST JA AUCH GUT SO, DENN SIE FÖRDERN KOMMUNIKATION, WISSENSAUSTAUSCH, PARTIZIPATION UND TRANSPARENZ. ABER MUSS ES IMMER DAS ALLERNEUESTE MODELL SEIN? DIE HERSTELLUNG DER SMARTPHONES IST ÖKOLOGISCH SEHR BELASTEND, UND RECYCELT WIRD KAUM.

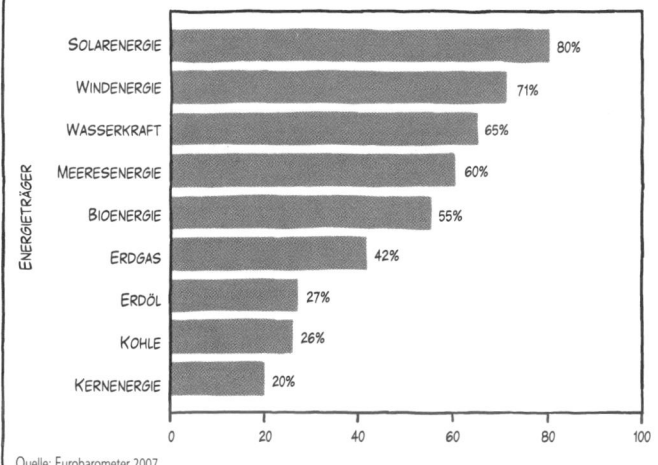

AKZEPTANZ VERSCHIEDENER ENERGIETRÄGER IN DER EU, HALTUNG DER BEFRAGTEN IN%

ENERGIETRÄGER

- SOLARENERGIE 80%
- WINDENERGIE 71%
- WASSERKRAFT 65%
- MEERESENERGIE 60%
- BIOENERGIE 55%
- ERDGAS 42%
- ERDÖL 27%
- KOHLE 26%
- KERNENERGIE 20%

0 20 40 60 80 100

Quelle: Eurobarometer 2007

WERTEWANDEL BEDEUTET ALLERDINGS NICHT, DASS DIESE NEUEN EINSTELLUNGEN AUCH EINS ZU EINS IN HANDELN ÜBERSETZT WERDEN. ES IST KEINE SELTENHEIT, DASS SICH PERSONEN IN UMFRAGEN EINERSEITS FÜR AMBITIONIERTEN KLIMASCHUTZ AUSSPRECHEN UND GLEICHZEITIG HÖHERE PREISE FÜR STROM UND KRAFTSTOFF AUS FOSSILEN ENERGIETRÄGERN ABLEHNEN.

ZWISCHEN EINSTELLUNGEN UND VERHALTEN BESTEHT ALSO NUR EINE SCHWACHE BEZIEHUNG.

JUTE STATT PLASTIK? DAS MODELL KENN ICH NOCH GAR NICHT!

PIONIERE DES WANDELS KÖNNEN HELFEN, DIESE BARRIEREN ZU ÜBERWINDEN. SIE KÖNNEN EINEN PROZESS AUSLÖSEN, DER NICHT VOM WISSEN ZUM HANDELN FÜHRT, SONDERN VOM HANDELN ZUM WISSEN.

SO Z.B. DAS URBANE GÄRTNERN: EIN PAAR LEUTE FANGEN AN, AUF NICHT GENUTZTEN BRACHFLÄCHEN IN DER STADT KRÄUTER UND GEMÜSE ANZUBAUEN. ANDERE KOMMEN HINZU UND HELFEN MIT ODER KAUFEN DORT EIN. ODER TRINKEN EINFACH NUR EINEN KAFFEE.

SIE KÖNNEN SICH Z.B. ÜBER VERSCHIEDENE FAST VERGESSENE BZW. WIEDERENTDECKTE KARTOFFELSORTEN INFORMIEREN, ÜBER ALTE UND NEUE KOMPOSTIERMETHODEN ODER DIE BIENENHALTUNG IN DER STADT, DIE GERADE EINE RENAISSANCE ERLEBT. SIE WERDEN ANFANGEN, SICH ÜBER IHRE EIGENE ERNÄHRUNG UND DEREN PRODUKTION GEDANKEN ZU MACHEN.

PRINZESSINNENGÄRTEN IN BERLIN KREUZBERG

GLEICHZEITIG VERWANDELN SIE AKTIV EINEN TEIL IHRER STADT IN EINEN GARTEN, LERNEN SICH KENNEN, TAUSCHEN SICH AUS UND HABEN VOR ALLEM SPASS MITEINANDER.

WIR WOLLEN ZEIGEN, DASS EINE STADT AUCH ANDERS AUSSEHEN KANN: GRÜN, VIELFÄLTIG, URBAN, VON UNS GESTALTET UND VORBEREITET AUF DIE HERAUSFORDERUNGEN DER ZUKUNFT.

ES GEHT UNS NICHT UM EIN DOGMA, SONDERN DARUM, DASS DIE MENSCHEN MIT IHREN EIGENEN HÄNDEN EINEN ORT SCHAFFEN, DER SIE ZUSAMMENBRINGT UND BEREICHERT.

CHANGE AGENTS: DIE BETREIBER DES GARTENS ROBERT SHAW UND MARCO CLAUSEN

DIESE LEUTE SIND PIONIERE, DIE BEIM SOZIALEN WANDEL VORANGEHEN. DEN CHANGE AGENTS KOMMT BEI DER EINFÜHRUNG NEUER TECHNOLOGIEN UND IDEEN EINE ZENTRALE BEDEUTUNG ZU. SIE SIND TRENDSETTER, UND SIE SCHAFFEN EIN WIR-GEFÜHL.

KLUGE GESETZGEBUNG, GEZIELTE MARKTANREIZE, FIRMENINITIATIVEN UND WEITSICHTIGE INVESTITIONEN KÖNNEN DEN TREND VERSTÄRKEN. AUFMERKSAMKEIT GEGENÜBER DER EIGENEN ERNÄHRUNG UND NAHRUNGSMITTELPRODUKTION KANN SO ZUM STANDARD WERDEN.

IN DER GEGENWÄRTIGEN DEBATTE STEHEN SICH ZWEI DENKSCHULEN GEGENÜBER: DIE EINE SETZT AUF RESSOURCENEFFIZIENZ UND STELLT SICH VOR, DASS SICH AUF DIESER GRUNDLAGE NICHTS AN DEN GEWOHNHEITEN DES MODERNEN LEBENS ÄNDERN MUSS. IHRE ANHÄNGER DENKEN, DASS ES REICHT, AUF EINEN ELEKTRO-SUV UMZUSTEIGEN.

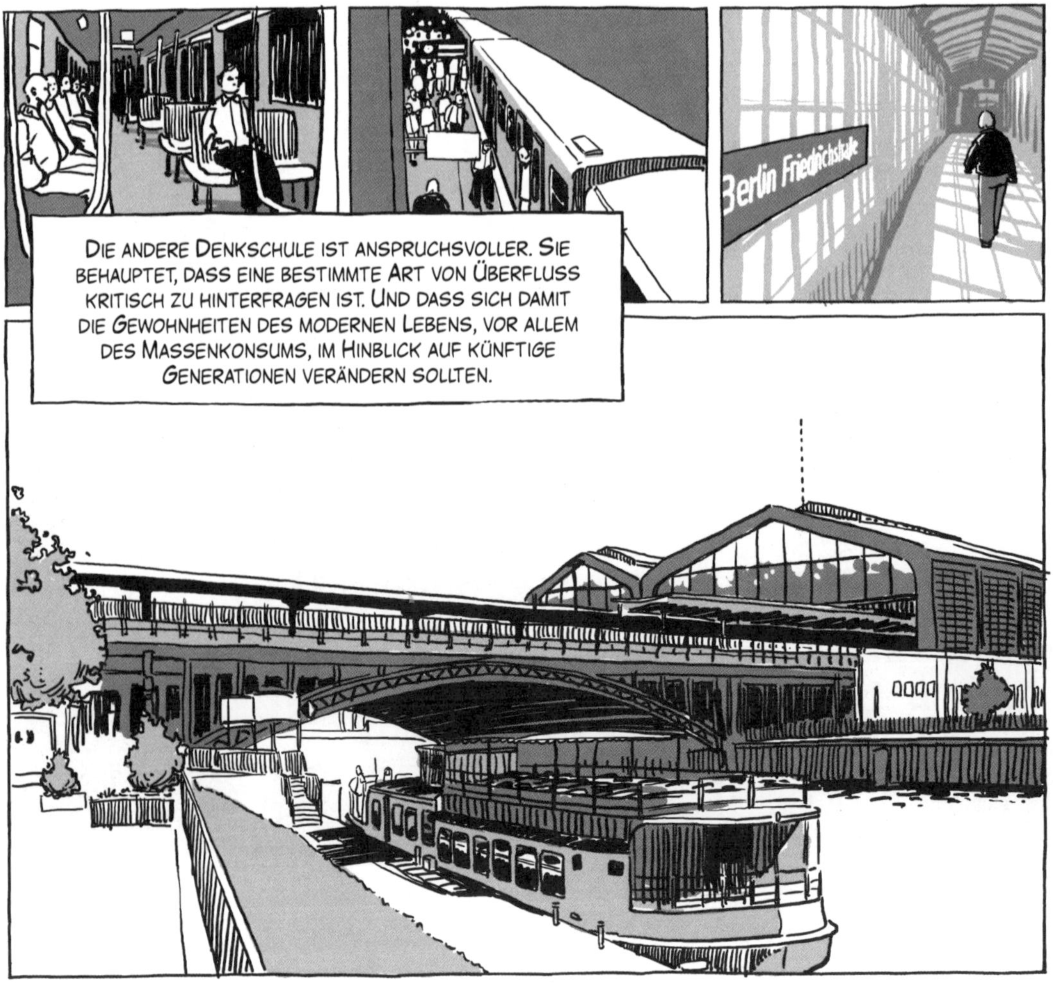

DIE ANDERE DENKSCHULE IST ANSPRUCHSVOLLER. SIE BEHAUPTET, DASS EINE BESTIMMTE ART VON ÜBERFLUSS KRITISCH ZU HINTERFRAGEN IST. UND DASS SICH DAMIT DIE GEWOHNHEITEN DES MODERNEN LEBENS, VOR ALLEM DES MASSENKONSUMS, IM HINBLICK AUF KÜNFTIGE GENERATIONEN VERÄNDERN SOLLTEN.

Zu spät also!
Nicht, wenn viele Menschen zur Kenntnis genommen haben werden, was wir zu sagen haben!
Zu sagen gehabt haben werden ...

Der WBGU

In Zeiten des globalen Wandels stehen politische Entscheidungs-
träger wie die Bundesregierung vor der großen Herausforderung,
Beschlüsse zu fassen, obwohl das komplexe Wirkungsgefüge der
weltweiten Umwelt- und Entwicklungsprobleme noch nicht in allen
Einzelheiten verstanden wird. Aus diesem Grund wurde 1992 im
Vorfeld der Konferenz der Vereinten Nationen über Umwelt und
Entwicklung („Erdgipfel von Rio") der Wissenschaftliche Beirat der
Bundesregierung Globale Umweltveränderungen (WBGU) von
der Bundesregierung als unabhängiges wissenschaftliches Bera-
tungsgremium eingerichtet. Seine Hauptaufgaben sind es, globale
Umwelt- und Entwicklungsprobleme zu analysieren und darüber
in Gutachten zu berichten, im Sinne von Frühwarnungen auf neue
Problemfelder hinzuweisen, Handlungs- und Forschungsempfeh-
lungen zu erarbeiten und durch Presse- und Öffentlichkeitsarbeit
das Bewusstsein für die Probleme und Lösungsmöglichkeiten des
Globalen Wandels zu fördern.

Die neun Mitglieder des WBGU arbeiten als Professorinnen oder
Professoren an Universitäten oder leiten große Forschungsinstitute. Einmal im Monat treffen sie sich für zwei Tage, um über Wege
zu einer global nachhaltigen Entwicklung nachzudenken. Sie geben der Bundesregierung beispielsweise Empfehlungen dafür, wie
man bei der globalen Energiewende vorankommt, die biologische
Vielfalt schützt oder eine Welt mit bald 9 Milliarden Menschen ernähren kann, ohne die Umwelt zu zerstören. Neben den neun Bei-
ratsmitgliedern gehören zum WBGU-Team auch neun persönliche
wissenschaftliche Mitarbeiterinnen und Mitarbeiter sowie eine
Geschäftsstelle mit viel Erfahrung und wissenschaftlicher Exper-
tise in der Erstellung und Verbreitung von Gutachten. Ist ein Gutachten fertig, wird es der Regierung – meist einem oder mehreren
Bundesministern – öffentlich übergeben, ins Internet gestellt und
als gedrucktes Buch in deutscher und englischer Sprache veröffentlicht.

Der WBGU wählt die Themen seiner Hauptgutachten selbst. 2011 stellte er die dringende Notwendigkeit einer klimaverträglichen, nachhaltigen Wirtschaftsweise in den Mittelpunkt seines Hauptgutachtens *Welt im Wandel: Gesellschaftsvertrag für eine Große Transformation*, das zur Grundlage für dieses Buch wurde. Der WBGU zeigt darin Möglichkeiten für eine Wende zur Nachhaltigkeit auf und präsentiert zehn konkrete Maßnahmenbündel zur Beschleunigung des erforderlichen Umbaus hin zu einer klimaverträglichen Gesellschaft.

Alle vier Jahre wird der WBGU neu zusammengewürfelt. Das garantiert frischen Wind und neue Ideen. Die neun klugen Köpfe dieses Buches waren in dieser Zusammensetzung von 2008 bis Februar 2013 Beiräte im WBGU.

Dr. Benno Pilardeaux

(Leiter Medien- und Öffentlichkeitsarbeit des WBGU)

Die Experten

Prof. Dr. Dr. h.c. Hans Joachim Schellnhuber ist Physiker. Er ist Direktor des Potsdam-Instituts für Klimafolgenforschung, Mitglied des Weltklimarats (IPCC) und Vorsitzender des WBGU. Außerdem ist er Vorsitzender des Verwaltungsrats des Climate KIC (Knowledge and Innovation Community) des European Institute for Technology. Seine Arbeitsschwerpunkte sind die Klimafolgenforschung und die Erdsystemanalyse.

Prof. Dr. Reinhold Leinfelder ist Leiter des Arbeitsbereichs Geobiologie und Anthropozänforschung am Institut für Geologische Wissenschaften der Freien Universität Berlin sowie Affiliated Carson Professor am Rachel Carson Center for Environment and Society in München. Er beschäftigt sich vor allem mit den Bereichen Geobiologie, Biodiversität, Anthropozänforschung und Wissenschaftskommunikation. Sein besonderes Interesse gilt der Erforschung von Korallenriffen.

Prof. Dr. Stefan Rahmstorf ist Leiter der Abteilung Erdsystemanalyse am Potsdam-Institut für Klimafolgenforschung und Professor für die Physik der Ozeane. Er erforscht schwerpunktmäßig vor allem die Wechselwirkungen zwischen Ozeanen und der globalen Erwärmung sowie natürliche Klimaveränderungen und ist Mitbegründer der weltweit bekannten Blogs *RealClimate* und *KlimaLounge*.

Prof. Dr. Dirk Messner ist Politik- und Wirtschaftswissenschaftler. Er ist Direktor des Deutschen Instituts für Entwicklungspolitik (DIE) in Bonn und Kodirektor des Centre for Advanced Studies on Global Cooperation Research an der Universität Duisburg-Essen. Er beschäftigt sich unter anderem mit den Auswirkungen des Klimawandels auf Global Governance-Dynamiken. Er ist stellvertretender Vorsitzender des WBGU und berät neben der Bundesregierung auch die chinesische Regierung, die Weltbank und die Europäische Kommission.

Prof. Dr. Jürgen Schmid ist Ingenieur für Luft- und Raumfahrttechnik. Bis 2012 war er Institutsleiter des Fraunhofer-Instituts für Windenergie und Energiesystemtechnik (IWES) in Kassel. Er ist Gründungspräsident der European Academy of Wind Energy (EAWE) und Vorstandsvorsitzender des Fraunhofer-Instituts für Solare Energieversorgungstechnik e. V. (ISET). Zuvor war er Leiter des Fachgebietes Rationelle Energiewandlung an der Universität Kassel. Er hat die Technik der sogenannten Mikrospiegelarrays zur Lichtlenkung miterfunden.

Prof. Dr. Nebojša Nakićenović ist Systemanalytiker und Professor für Energiewirtschaft an der Technischen Universität Wien. Außerdem ist er stellvertretender Direktor des International Institute for Applied Systems Analysis (IIASA) in Laxenburg, Österreich. Er forscht unter anderem über die Wirtschaftsentwicklung angesichts des Klimawandels und über die Evolution von Energie-, Mobilitäts-, Informations- und Kommunikationstechnologien.

Prof. Dr. Renate Schubert ist Wirtschaftswissenschaftlerin. Sie lehrt Nationalökonomie an der Eidgenössisch Technischen Hochschule Zürich und ist Direktorin des dortigen interdisziplinären Instituts für Umweltentscheidungen, das sie 2005 mitgegründet hat. Sie forscht vor allem in den Bereichen Entscheidungs-, Risiko- und Versicherungsforschung sowie Energie- und Umweltökonomie.

Prof. Dr. Sabine Schlacke ist Rechtswissenschaftlerin. Sie lehrt Öffentliches Recht mit dem Schwerpunkt deutsches, europäisches und internationales Umweltrecht und Verwaltungsrecht an der Universität Bremen und ist geschäftsführende Direktorin der Forschungsstelle für Europäisches Umweltrecht. Außerdem gibt sie die *Zeitschrift für Umweltrecht* heraus.

Prof. Dr. Claus Leggewie ist Politikwissenschaftler. Er ist Direktor des Kulturwissenschaftlichen Instituts Essen (KWI) und seit 2012 Kodirektor des Käte Hamburger Kollegs „Politische Kulturen der Weltgesellschaft" an der Universität Duisburg-Essen. Sein Forschungsschwerpunkt ist die „KlimaKultur" – die kulturellen Voraussetzungen der Anpassung moderner Gesellschaften an die Auswirkungen des Klimawandels.

Die Herausgeber

Alexandra Hamann ist Mediendesignerin und leitet seit 2001 eine Agentur für Bildungsmedien. Sie visualisiert komplexe Abläufe aus Naturwissenschaft und Technik für den Unterricht. Seit einigen Jahren beschäftigt sie sich eingehend mit neuen Wegen der Wissensvermittlung. www.mintwissen.de

Claudia Zea-Schmidt ist Kommunikationswissenschaftlerin mit kolumbianischen Wurzeln. Ihr Arbeitsleben in Berlin begann sie als Dokumentarfilmerin und Korrespondentin für die Deutsche Welle und lateinamerikanische Sender. Seit 2002 konzipiert und realisiert sie Projekte für Print, Radio und Fernsehen. Ihre Leidenschaft gilt den Themen Kultur, Wissenschaft und Politik. www.b26.info

Prof. Dr. Reinhold Leinfelder ist Leiter des Arbeitsbereichs Geobiologie und Anthropozänforschung am Institut für Geologische Wissenschaften der Freien Universität Berlin sowie Affiliated Carson Professor am Rachel Carson Center for Environment and Society in München. Er beschäftigt sich vor allem mit den Bereichen Geobiologie, Biodiversität, Anthropozänforschung und Wissenschaftskommunikation. Sein besonderes Interesse gilt der Erforschung von Korallenriffen. Reinhold Leinfelder ist nicht nur ein Experte dieses Buches, sondern auch Herausgeber. www.reinhold-leinfelder.de

Die Zeichner

Jörg Hülsmann, geboren 1974, studierte Illustration in Düsseldorf und Hamburg. Er zeichnet für verschiedene Verlage und realisiert freie Projekte. Sein Buch *Die unsichtbaren Städte* nach dem Roman von Italo Calvino wurde von der Stiftung Buchkunst unter die Schönsten deutschen Bücher gewählt. www.joerghuelsmann.de

Iris Ugurel, geboren 1976, studierte Grafik in Düsseldorf und Berlin, wo sie als Künstlerin und Illustratorin arbeitet. Ihre Arbeiten werden in zahlreichen Ausstellungen gezeigt. www.irisugurel.com
Iris Ugurel und Jörg Hülsmann arbeiten projektweise zusammen und leben in Berlin.

Studio Nippoldt
Der Grafiker **Robert Nippoldt**, geboren 1977, studierte an der Fachhochschule Münster. Sein Buch *Jazz im New York der wilden Zwanziger* wurde von der Stiftung Buchkunst zum Schönsten deutschen Buch 2007 gekürt. www.nippoldt.de

Die Illustratorin **Christine Goppel**, geboren 1979, studierte Visuelle Kommunikation an der Bauhaus-Universität in Weimar. Sie illustriert, gestaltet und schreibt Bücher für Kinder und Erwachsene. www.christinegoppel.de

Die Videokünstlerin **Astrid Nippoldt**, geboren 1973, studierte Visuelle Kommunikation an der Fachhochschule Münster und Kunst an der Hochschule für Künste in Bremen. Ihre Arbeiten werden in internationalen Ausstellungen gezeigt. www.astridnippoldt.de

Jörg Hartmann, geboren 1972, studierte Illustration und Grafik an der Fachhochschule für Design in Münster und begann bereits im Grundstudium, als Illustrator für Verlage zu arbeiten. Neben der Kinderbuchillustration gehört das Zeichnen von Comics (*Wilsberg*) zu seinen Steckenpferden. www.extrakt.de

Glossar

Aerosol Winzige Teilchen oder Tröpfchen (z. B. Pollen, Staub, Schwefel und andere Kleinstpartikel), die in der Luft schweben.

Africa-EU Energy Partnership (AEEP) 2007 gegründetes Programm, das die politische Zusammenarbeit von EU und Afrika im Energiesektor, v. a. im Bereich ⇨ Erneuerbare Energien und Energieeffizienz, fördern soll.

Anokratie Eine Regierungsform zwischen ⇨ Autokratie und Demokratie, in der es demokratische Verfahren gibt, aber trotzdem Eliten an der Macht sind.

Anthropozän Von Paul Crutzen im Jahr 2000 geprägter Begriff für ein neues Erdzeitalter, in dem die Einwirkungen des Menschen auf die Umwelt eine globale Dimension erreicht haben und zu bedeutenden Veränderungen der Ökosysteme bis hin zu deren Zerstörung führen können. Zu den wichtigsten Veränderungen gehört der Klimawandel. Der Mensch sollte sich im Anthropozän nicht als Gegensatz zur Natur, sondern als Teil von ihr begreifen, um nachhaltiges Wirtschaften zu ermöglichen.

Atmosphärische Fenster Spektralbereiche, innerhalb derer die Atmosphäre für solare Ein- bzw. terrestrische Abstrahlung (z. B. sichtbares Licht, Wärme) durchlässig ist. Sie treten dort auf, wo die Strahlungsabsorption durch Wasserdampf, ⇨ Kohlendioxid und Ozon besonders gering ist.

Autokratie Eine Regierungsform, bei der die Staatsgewalt durch eine Einzelperson oder eine Gruppe (Partei, Zentralkomitee, Junta) ausgeübt wird. Die Beteiligung des Volkes ist dabei gar nicht oder nur zum Teil vorgesehen, wie z. B. in einer absoluten Monarchie oder Diktatur.

Bruttoinlandsprodukt (BIP) Wert aller auf dem Markt gehandelten Güter und Dienstleistungen, die in einem Jahr innerhalb der Landesgrenzen einer Volkswirtschaft erwirtschaftet werden. Das BIP Deutschlands enthält auch die Leistungen der Ausländer, die innerhalb des Landes arbeiten, während die Leistungen der Inländer, die im Ausland arbeiten, nicht berücksichtigt werden. Das globale BIP ist die Summe aller nationalen BIPe.

Business-as-usual Der Entwicklungspfad, der sich ergibt, wenn wir weitermachen wie bisher.

Centre for Advanced Studies on Global Cooperation Research Interdisziplinäres Zentrum für globale Kooperationsforschung der Universität Duisburg-Essen. Das Kolleg ist ein sogenanntes Käte Hamburger Kolleg (⇨ Rachel Carson Center). Es sieht globale Kooperation als Schlüssel zur effektiven und legitimen Bearbeitung dringender transnationaler Probleme.

Climate-KIC (Knowledge and Innovation Community) 2010 vom Europäischen Institut für Innovation und Technologie (EIT) gegründete Forschungsgemeinschaft. Ihr Ziel ist, die Entwicklung neuer Techniken, die helfen, die Ursachen und die Folgen des Klimawandels abzuschwächen, zu fördern und zu beschleunigen.

Conservation International 1987 gegründete Non-Profit-Organisation, die das Ziel verfolgt, die weltweite Biodiversität an Tieren, Pflanzen und Landschaftsformen zu erhalten. Die Organisation konzentriert sich dabei vor allem auf Gebiete mit besonderem Artenreichtum an Land und im Meer und arbeitet schwerpunktmäßig in Afrika, Asien, Ozeanien und Zentral- und Südamerika.

CO_2 ⇨ Kohlendioxid

Dekarbonisierung Der Übergang von der Nutzung kohlenstoffhaltiger ⇨ fossiler Energieträger (v. a. Kohle, Erdöl, Erdgas) zu CO_2-emissionsfreien ⇨ Erneuerbaren Energien.

Desertifikation Der vom Menschen verursachte Prozess der zunehmenden Verschlechterung der Bodenverhältnisse in Trockengebieten, früher auch als Versteppung oder Wüstenbildung bezeichnet. Diese Verschlechterung der Bodenverhältnisse wird vor allem von der kontinuierlichen Übernutzung natürlicher Ressourcen (z. B. Überweidung, Endwaldung, falsche Bewässerung, ungeeigneter Ackerbau) in Trockengebieten verursacht. Als Folge kommt es zum Rückgang des Pflanzenbewuchses, zur Abtragung des Oberbodens und zum Versiegen der Wasserreservoirs bis hin zu verheerenden Staubstürmen.

Deutsches Institut für Entwicklungspolitik (DIE) Eines der weltweit führenden Forschungsinstitute zu Fragen globaler Entwicklung und internationaler Entwicklungspolitik, das in Forschung, Beratung und Ausbildung tätig ist.

Erdgipfel von Rio de Janeiro ⇨ UN-Konferenz über Umwelt und Entwicklung

Erneuerbare Energie (auch regenerative Energie) Energie aus nachhaltigen Quellen (Sonne, Wind, Wasser), die in menschlichen Größenordnungen unerschöpflich sind. Im Gegensatz dazu stehen die ⇨ fossilen Energieträger.

Erneuerbare Energien Gesetz (EEG) Das Gesetz über den Vorrang ⇨ Erneuerbarer Energien trat am 1.4.2000 in Deutschland in Kraft und gewährt Betreibern von Anlagen zur Stromerzeugung aus ⇨ Erneuerbaren Energien einen Anspruch auf Abnahme und Vergütung dieses Stroms.

Evapotranspiration Die Verdunstung von Wasser über Tiere (v. a. Schwitzen) und Pflanzen (v. a. Verdunstung über Spaltöffnungen in den Blättern) (Transpiration) sowie von der Bodenoberfläche (Evaporation)

Exajoule (EJ) ⇨ Joule

FAO (Food and Agriculture Organization of the United Nations) Die Ernährungs- und Landwirtschaftsorganisation, auch als Welternährungsorganisation bezeichnet, ist eine Sonderorganisation der Vereinten Nationen. Sie hat die Aufgabe, die Produktion und die Verteilung von landwirtschaftlichen Produkten und Nahrungsmitteln weltweit zu verbessern, um die Ernährung sicherzustellen und den Lebensstandard zu verbessern.

Fossile Energieträger/Ressourcen/Brennstoffe Kohle, Erdöl und Erdgas, die aus vor Jahrmillionen abgestorbenen Tieren und Pflanzen unter Ausschluss von Luftsauerstoff entstanden sind.

Fracking (auch Hydraulic Fracturing genannt) Eine Öl- und Gasfördermethode, bei der in Tiefbohrungen eine mit Sand und Chemikalien versetzte Flüssigkeit eingepresst wird, um im Speichergestein Risse zu erzeugen und aufzuweiten. Das erhöht die Durchlässigkeit der Gesteinsschicht, so dass Erdgas und Erdöl wirtschaftlich gewonnen werden können.

Fraunhofer Institut für Windenergie und Energiesystemtechnik (IWES) Deutsches Forschungsinstitut, das sich mit dem gesamten Spektrum der Windenergie und der Integration der ⇨ Erneuerbaren Energien in Versorgungsstrukturen beschäftigt.

G-Null ⇨ **G20**

G20 Gruppe der wichtigsten Industrie- und Schwellenländer und der Europäischen Union. Sie dient als Forum für die Zusammenarbeit und Beratung über das internationale Finanzsystem und wurde 1999 als informeller Zusammenschluss gegründet.

Global 2000 Österreichs führende unabhängige Umweltschutzorganisation und Teil von Friends of the Earth International (FOEI), die für eine intakte Umwelt, eine zukunftsfähige Gesellschaft und nachhaltiges Wirtschaften kämpft.

Große Transformation Der Begriff wurde schon 1944 durch den Ökonom Karl Polanyi in einer Analyse der Industriellen Revolution geprägt, in der er den umfassenden Wandel nationaler Ökonomien in Wechselwirkung mit den Strukturen der Weltwirtschaft untersucht hatte. In Anlehnung an Polanyis Transformationsverständnis definiert der WBGU eine große Transformation zur klimaverträglichen, nachhaltigen Gesellschaft als umfassenden Wandel, der einen Umbau der nationalen Ökonomien und der Weltwirtschaft innerhalb der ⇨ planetarischen Leitplanken vorsieht. So sollen nicht nur irreversible Schäden des Erdsystems sowie der Ökosysteme vermieden werden, sondern auch deren Auswirkungen auf die Menschheit.

Institut für Umweltentscheidungen (IED) In seiner Art in Europa einmaliges Forschungsinstitut an der Eidgenössischen Technischen Hochschule Zürich (ETH). Forscher aus Politikwissenschaften, Psychologie und Ökonomie untersuchen hier die individuellen und kollektiven Entscheidungen, die getroffen werden, wenn es um Ressourcennutzung und Umweltproblematiken geht.

International Energy Agency (IEA) 1973 von 16 Industrienationen gegründete Kooperationsplattform für die Erforschung, Entwicklung, Markteinführung und Anwendung von Energietechnologien. Die Agentur verfügt über Ölreserven, mit denen sie strategisch in den Ölmarkt eingreifen kann.

International Institute for Applied Systems Analysis (IIASA) Das Internationale Institut für Angewandte Systemanalyse betreibt in internationaler Abstimmung – v.a. mit UNO und ⇨ FAO – Forschung u.a. in den Bereichen Internationale Politik und Diplomatie, globale Strategien im Umweltschutz und neue Technologien.

IPCC ⇨ Weltklimarat

Joule International verbindliche physikalische Maßeinheit für Energie: $1J = 1 kg * m^2/s^2$. 1 Kilowattstunde entspricht 3 600 000 Joule.

Exajoule (EJ) 1 Exajoule = 10^{18} Joule = 1000 Petajoule oder 1 Trillion Joule

Petajoule (PJ) 1 Petajoule = 10^{15} Joule = 1 Billiarde Joule

Kippelemente Bestandteile des Erdsystems von überregionaler Größe, die bei Überschreiten eines kritischen Grenzwertes (eines ⇨ Kipppunktes) in einen völlig anderen Zustand „umkippen" können. Diesem Verhalten liegen selbstverstärkende Prozesse zugrunde. Beispiele sind der Nordatlantikstrom, aber auch Ökosysteme wie der Amazonas-Urwald.

Kipppunkt Ein systemspezifischer kritischer Punkt, bei dessen Überschreiten ein ⇨ Kippelement in einen neuen Zustand übergeht. Für den Eispanzer auf Grönland gibt es z.B. eine kritische Temperatur, oberhalb derer ein Teufelskreis einsetzt, durch den das Eis komplett abschmilzt.

Klima Unter Klima versteht man den Zustand des Klimasystems über einen längeren Zeitraum. Das Klimasystem umfasst neben der Atmosphäre u.a. auch den Ozean und Eismassen (die Kryosphäre).

Kohlendioxid/CO_2 Chemische Verbindung aus ⇨ Kohlenstoff und Sauerstoff. Ein unbrennbares, saures, farb- und geruchloses Gas, das sich gut in Wasser löst, auch als Kohlenstoffdioxid bezeichnet. Es ist als natürlicher Bestandteil der Luft ein natürliches Treibhausgas, das im Organismus von Lebewesen entsteht bzw. verbraucht wird. Der natürliche ⇨ Kohlenstoffkreislauf ist geschlossen, allerdings entsteht atmosphärisches Kohlendioxid zusätzlich bei der Verbrennung von kohlenstoffhaltigen Substanzen, insbesondere von Kohle, Erdöl und Erdgas. Pflanzen und manche Bakterien wandeln Kohlendioxid in Biomasse um. Bei der Photosynthese entstehen aus anorganischem Kohlendioxid und Wasser Glucose (Traubenzucker) sowie weitere organische Verbindungen.

Kohlenstoff Eines der am häufigsten in der Natur vorkommenden Elemente und Grundbaustein allen organischen Lebens. Verbrennt bei höheren Temperaturen zu ⇨ Kohlendioxid und bei nicht ausreichender Sauerstoffzufuhr zu giftigem Kohlenmonoxid.

Kohlenstoffkreislauf Kreislauf, den der ⇨ Kohlenstoff in seinen verschiedenen Erscheinungsformen und Verbindungen (z.B. ⇨ Kohlendioxid) beim Wechsel zwischen Atmosphäre, Land und Meer beschreibt. Seine Kenntnis ermöglicht es u.a., die Einwirkungen des Menschen auf das ⇨ Klima und die globale Erwärmung abzuschätzen.

Kohlenstoffsenken Alles, was der Atmosphäre ⇨ Kohlendioxid entzieht und den Kohlenstoff langfristig einlagert (Böden, Meere, Pflanzen etc.). Die wichtigsten Kohlenstoffsenken sind die Ozeane und die Landökosysteme.

Konvektion Der Transport von Teilchen (z.B. Luft oder Wasser) durch eine Strömung, die häufig aufgrund von Temperaturdifferenzen entsteht (thermische Konvektion).

Kraft-Wärme-Kopplung (KWK) KWK-Anlagen ermöglichen eine effiziente Nutzung von Brennstoffen, da nicht nur Strom erzeugt, sondern die dabei entstehende Abwärme zum Heizen genutzt wird (z. B. Fernwärme) oder in Wärme benötigenden Produktionsprozessen.

Kulturwissenschaftliches Institut Essen (KWI) Interdisziplinäres Forschungskolleg für Geistes- und Kulturwissenschaften, das die moderne Kultur untersucht. Forschungsschwerpunkte sind zurzeit u. a. Erinnerungskultur, Interkultur, Klimakultur und Verantwortungskultur.

Kyoto-Protokoll 1997 beschlossenes Zusatzprotokoll zur Ausgestaltung der ⇨ UN-Klimarahmenkonvention mit dem Ziel des Klimaschutzes. Es sollte in Kraft treten, sobald mindestens 55 Staaten, die zusammengerechnet mehr als 55% der weltweiten CO_2-Emissionen des Jahres 1990 verursachten, das Abkommen ratifiziert haben. Da sich die USA als einer der größten Emittenten bis heute weigern, dem Protokoll beizutreten, wurde es erst Anfang 2005 nach der Ratifizierung durch Russland wirksam. Das Abkommen schrieb erstmals verbindliche Zielwerte für den Ausstoß von Treibhausgasen fest und ist noch immer das einzige völkerrechtlich verbindliche Instrument der Klimaschutzpolitik. 2012 wurde beschlossen, das Kyoto-Protokoll um weitere acht Jahre zu verlängern, allerdings sind viele Industrieländer aus dem Vertrag ausgestiegen. Verpflichtungen haben jetzt nur noch die EU, Norwegen, Island, Liechtenstein, die Schweiz, Monaco, Kroatien, die Ukraine, Weißrussland, Kasachstan und Australien.

Latente Wärme Die Wärmemenge, die zur Verdunstung von Wasser aufgewendet werden muss. Diese Wärmemenge wird bei der Kondensation des Wasserdampfes (also bei der Wolkenbildung) wieder frei und stellt daher eine wichtige Wärmequelle in der Atmosphäre dar.

Nachhaltige Energie für alle Globale Initiative von UNO-Generalsekretär Ban Ki-moon, die drei konkrete Ziele hat: Bis 2030 soll weltweit ein unbeschränkter Zugang zu modernen Energietechnologien ermöglicht, die Produktivität ⇨ Erneuerbarer Energien um 40% verbessert und ihr Anteil an der globalen Energienutzung auf 30% erhöht werden.

Nachhaltige Entwicklung Die klassische Definition dieses Begriffs stammt aus dem Brundtland-Bericht (*Unsere gemeinsame Zukunft*), der 1987 von der Weltkommission für Umwelt und Entwicklung veröffentlicht wurde: „Nachhaltige Entwicklung ist eine Entwicklung, die den Bedürfnissen heutiger Generationen gerecht wird, ohne die Möglichkeiten zukünftiger Generationen zu gefährden, ihre eigenen Bedürfnissen zu befriedigen." Es existieren außer dieser noch zahlreiche andere Definitionen, die alle den Anspruch haben, ökonomische, soziale und umweltverträgliche Entwicklung gleichzeitig voranzutreiben.

Nettoabsorption von Wärme an der Erdoberfläche Differenz zwischen von der Erde absorbierter und von der Erde abgegebener Wärme

Nettozerstörung von Vegetation Differenz zwischen zerstörter und neu entstandener Vegetation

Ökosystemdienstleistung Begriff für die wirtschaftswissenschaftliche Betrachtung des Nutzens, den Ökosysteme für den Menschen haben. Dazu zählen u. a. Versorgungsleistungen (z. B. Bestäuben von Obstblüten durch Bienen, natürliche Filtration von Trinkwasser, Reproduktion von Tieren als Nahrungsmittel), Regulierungsleistungen (z. B. Schutz vor Überflutung durch Auwälder), Erholungsleistungen und unterstützende Leistungen (z. B. Nährstoffkreislauf).

Ozeanversauerung Der durch Messungen belegte steigende Säuregrad des Meerwassers, der durch die Aufnahme von ⇨ CO_2 aus der Luft verursacht wird, weil das CO_2 im Wasser Kohlensäure bildet. Das Problem der Ozeanversauerung ist neben der globalen Erwärmung die Hauptfolge der vom Menschen verursachten CO_2-Emissionen.

Peace Parks Stiftung, die 1997 im Süden Afrikas von mehreren Staaten gegründet wurde. Sie versucht, mit grenzüberschreitenden Schutzzonen nicht nur Natur und Kultur zu bewahren, sondern auch eine friedliche Kooperation benachbarter Staaten zu fördern und zu sichern.

Permafrostböden Böden, die das ganze Jahr hindurch gefroren sind. Die meisten Permafrostböden sind seit der letzten Eiszeit gefroren. In Sibirien können Permafrost-Tiefen von bis zu 1500 m erreicht werden.

Petajoule (PJ) ⇨ Joule

Phosphorkreislauf Die konstante Wanderung und biogeochemische Umsetzung von Phosphor in Gewässern, Böden und Biomasse. Phosphor ist ein für alle Lebewesen essenzieller Mineralstoff, der in verschiedenen Verbindungen vorkommt. Ohne ihn gäbe es weder Erbgut noch Knochen, weder Blätter noch Blüten. Außerhalb des biologischen Kreislaufs ist Phosphor eine begrenzte Ressource, die man nur in wenigen Gegenden der Welt findet.

Planetarische Leitplanken Der WBGU beschreibt planetarische Leitplanken als quantitativ definierbare Schadensgrenzen, deren Überschreitung heute oder in Zukunft intolerable Folgen mit sich brächte, so dass auch großer Nutzen in anderen Bereichen diese Schäden nicht ausgleichen könnte. Werden die Leitplanken beachtet, können Funktionen bzw. Leistungen sowie Ressourcen des Erdsystems erhalten werden, die Voraussetzungen für die Sicherung der natürlichen Lebensgrundlagen der Menschheit und für nachhaltige Entwicklung sind. Das Vermeiden von ⇨ Kipppunkten im Erdsystem – wie das irreversible Abschmelzen des Grönlandeises, der Hitzekollaps tropischer Korallenriffe und andere nichtlineare Prozesse – spielen z. B. eine zentrale Rolle bei der Setzung der 2°C-Klimaschutzleitplanke. Die Einhaltung der Leitplanken ist ein notwendiges, aber nicht hinreichendes Kriterium für ⇨ nachhaltige Entwicklung.

Potsdam-Institut für Klimafolgenforschung (PIK) 1992 gegründetes interdisziplinäres Forschungszentrum, das den globalen Klimawandel und seine ökologischen, ökonomischen und sozialen Folgen untersucht und Strategien und Optionen für eine zukunftsfähige Entwicklung von Mensch und Natur entwirft. Neben der Bundesregierung, der EU-Kommission und anderen nationalen Regierungen greifen auch internationale Organisationen wie die Weltbank auf die Kompetenzen des PIK zurück, und es steht ebenfalls im stetigen Austausch mit der Wirtschaft. Wissenschaftler des PIK spielen eine aktive Rolle im ⇨ Weltklimarat.

ppm (engl. parts per million) Einheit, die die Konzentration chemischer Substanzen misst. Sie zeigt z. B. die Anzahl von CO_2-Molekülen pro 1 Million Gasmoleküle in der Atmosphäre an.

Primärenergie Als Primärenergie wird die natürlich vorkommende Energie bezeichnet, bevor sie unter Verlusten in nutzbare Energie, z. B. in Strom, umgewandelt wird. Primärenergieträger sind z. B. Braunkohle, Steinkohle, Erdöl, Erdgas oder Kernbrennstoffe. Bei ⇨ Erneuerbaren Energien wie Wind- und Solarenergie wird häufig die erzeugte Strommenge als Primärenergie bezeichnet.

Pumpspeicherkraftwerk Bei einem Pumpspeicherkraftwerk wird in Zeiten mit geringem Stromverbrauch mit überschüssigem Strom Wasser vom Unter- in das Oberbecken gepumpt. In Zeiten mit hohem Strombedarf wird das Oberbecken geleert. Mit dem Wasser wird eine Turbine angetrieben und der so produzierte Strom wieder in das Stromnetz eingespeist.

Rachel Carson Center for Environment and Society (RCC) Internationales interdisziplinäres Forschungs- und Lehrzentrum im Bereich der Umwelt- und Sozialwissenschaften. Teil der Käte Hamburger Kollegs (⇨ Centre for Advanced Studies on Global Cooperation Research). Das RCC wurde 2009 von der Ludwig-Maximilians-Universität München und dem Deutschen Museum gegründet und nach der amerikanischen Biologin Rachel Carson (1907–1964) benannt, die als eine der Gründerinnen der modernen Umweltbewegung gilt.

Rückversicherung Da Versicherungsgesellschaften vermeiden wollen, bei einer sehr hohen Anzahl von Schadensfällen oder großen Schäden durch die vielen Zahlungen an ihre Kunden finanziellen Ruin zu erleiden, schließen sie dafür ihrerseits bei einer Rückversicherungsgesellschaft eine Versicherung ab. Rückversicherungen müssen langfristige und großräumige Risiken einschätzen und investieren deshalb in großem Maße in die Klimaforschung.

Santa Fe Institute Ein privates gemeinnütziges Forschungs- und Lehrinstitut in Santa Fe, USA, das 1984 gegründet wurde. Dort wird interdisziplinäre Grundlagenforschung in Physik, Biologie, Technik und Sozialwissenschaften betrieben. Zurzeit liegen die Arbeitsschwerpunkte in den Bereichen kognitive Neurowissenschaft, Computersimulation in Physik und Biowissenschaften, ökonomische und soziale Wechselwirkungen, evolutionäre Dynamik und Netzwerkdynamik.

Schwellenländer Länder, die wegen ihrer fortschreitenden Industrialisierung und erfolgreichen wirtschaftlichen Entwicklung „an der Schwelle" zum Industrieland stehen. Alphabetisierungsrate, Säuglingssterblichkeit oder Lebenserwartung können dabei z. T. weit hinter den wirtschaftlichen Indikatoren zurückbleiben.

Sedimentation Ablagerung von mineralischen oder organischen Partikeln z. B. am Meeresboden, am Boden von Seen oder auch an Land.

Seltene Erden Metalle, die für viele Zukunftstechnologien sehr bedeutsam sind. Sie werden u. a. für die Herstellung von Windturbinen, Leuchtdioden, Handys oder Elektromotoren genutzt. Zu den Metallen der Seltenen Erden gehören insgesamt 17 chemische Elemente. Sie kommen vergleichsweise häufig, allerdings nur in kleinen Mengen, in der Erdkruste vor und müssen aufwändig aus verschiedenen Mineralien herausgelöst werden. Dabei fallen auch giftige Rückstände an — mit entsprechenden Folgen für die Umwelt.

Spotpreis Begriff aus dem Börsenhandel. Preis für die sofortige Beschaffung einer vorhandenen Ware; Barkaufpreis jetzt

Stakeholder Eine Person oder Gruppe, die ein berechtigtes Interesse am Verlauf oder Ergebnis eines Prozesses oder Projektes hat. Stakeholder können je nach Zusammenhang z. B. Interessengruppen, Anspruchsberechtigte, Wähler, Schüler oder Aktionäre sein.

Stickstoffkreislauf Die Wanderung und biogeochemische Umsetzung von Stickstoff in Erdatmosphäre, Gewässern, Böden und Biomasse. Stickstoff wird von allen Lebewesen essentiell benötigt. Sie nehmen ihn bei ihrem Wachstum aus der Umgebung auf, und er wird nach ihrem Absterben aus der toten Biomasse wieder freigesetzt. Nur wenige Pflanzen und Algen können Stickstoff direkt aus der Atmosphäre aufnehmen. Die meisten Pflanzen müssen Stickstoffverbindungen aus dem Boden beziehen, was durch Düngen noch intensiviert werden kann. Tiere und Menschen wiederum nehmen Stickstoffverbindungen über die Nahrung auf.

Stratosphäre Die zweite Schicht der Erdatmosphäre, die in ca. 8 km Höhe an den geographischen Polen und in ca. 18 km Höhe am Äquator beginnt. Darunter liegt die Troposphäre, in der sich das meiste Wettergeschehen abspielt.

Super Grid Hochleistungsnetz für den Transport von Strom über weite Distanzen (häufig transkontinental). Bei Hochspannungsgleichstromübertragung (HVDC) ist dies mit geringen Energieverlusten möglich.

Synergie Zusammenwirken von Lebewesen, Stoffen oder Kräften zu einem gemeinsamen Nutzen

TWh/Terawattstunde Entspricht 1 000 000 000 kWh. Mit dieser Energiemenge könnte man für ca. eine Milliarde Menschen Mittagessen auf einem Elektroherd kochen oder ein Jahr lang 285 000 Haushalte mit Strom versorgen (bei einem Verbrauch von 3500 kWh/Jahr).

UNCED-Biodiversitätskonvention (Convention on Biological Diversity, CBD) 1992 in Rio de Janeiro ausgehandeltes internationales Umweltabkommen mit dem Ziel, die biologische Vielfalt (Tier- und Pflanzenarten, genetische Vielfalt innerhalb dieser Arten, Ökosysteme) zu schützen, sie nachhaltig zu nutzen und die Vorteile dieser Nutzung gerecht auszugleichen. Dies bedeutet z. B., dass Bevölkerungsgruppen, die traditionelles Wissen zur nachhaltigen Nutzung von Ressourcen einsetzen, besser an dessen wirtschaftlicher Nutzung beteiligt werden sollen. Die Konvention ist das erste Übereinkommen, das sich global mit Natur- und Artenschutz beschäftigt und eine nachhaltige Entwicklung anstrebt. Sie trat 1993 in Kraft und wurde bisher von 168 Staaten sowie der EU unterzeichnet.

UN-Klimarahmenkonvention (United Nations Framework Convention on Climate Change, UNFCCC) Internationales Umweltabkommen mit dem Ziel, die Treibhausgaskonzentration in der Atmosphäre soweit zu stabilisieren, dass eine gefährliche menschengemachte Störung des Klimasystems verhindert wird. Die Konvention wurde 1992 auf der ⇨ UN-Konferenz über Umwelt und Entwicklung in Rio de Janeiro verabschiedet und trat im März 1994 in Kraft. Sie ist mittlerweile von mehr als 190 Staaten ratifiziert worden, darunter auch von den Hauptverursachern der Treibhausgasemissionen: den USA, Russland, der Europäischen Union, China und Indien. Die Klimarahmenkonvention selbst enthält keine konkreten Verpflichtungen zum Klimaschutz; diese wurden nur für Industrieländer im ⇨ Kyoto-Protokoll festgelegt.

UN-Konferenz über Umwelt und Entwicklung (auch Erdgipfel von Rio de Janeiro) Fand 1992 in Rio de Janeiro statt, wo die ⇨ UN-Klimarahmenkonvention, die ⇨ UNCED-Biodiversitätskonvention und die ⇨ UN-Konvention zur Desertifikationsbekämpfung verabschiedet wurden. Die Konferenz gilt als Meilenstein in der globalen Nachhaltigkeitspolitik. In der Deklaration von Rio über Umwelt und Entwicklung wurde erstmals das Recht auf ⇨ nachhaltige Entwicklung als globales Leitbild für das 21. Jahrhundert verankert: „Die Menschen stehen im Mittelpunkt der Bemühungen um eine nachhaltige Entwicklung. Sie haben das Recht auf ein gesundes und produktives Leben im Einklang mit der Natur. (...) Das Recht auf Entwicklung muss so verwirklicht werden, dass den Entwicklungs- und Umweltbedürfnissen der heutigen und der kommenden Generationen in gerechter Weise entsprochen wird" (Grundsatz 1 und 3 der Deklaration).

UN-Konvention zur Desertifikationsbekämpfung (United Nations Convention to Combat Desertification, UNCCD) Die UNCCD ist unter den drei Rio-Konventionen (⇨ UN-Klimarahmenkonvention und ⇨ UNCED-Biodiversitätskonvention) die am stärksten entwicklungspolitisch orientierte Konvention. Sie hat neben dem Ressourcenschutz in Trockengebieten auch die Armutsbekämpfung zum Ziel. Die UNCCD trat 1996 in Kraft und wurde von 195 Ländern ratifiziert.

UN-Nachhaltigkeitskonferenz (United Nations Conference on Sustainable Development, auch (Welt-)Klimagipfel) Die jährlich stattfindende Konferenz der Vertragsstaaten zur ⇨ UN-Klimarahmenkonvention und zum ⇨ Kyoto-Protokoll. Die UN-Nachhaltigkeitskonferenz Rio+20 fand 2012 in Rio de Janeiro statt und war die zweite Folgekonferenz der UN-Konferenz über Umwelt und Entwicklung. Dabei standen die beiden Themen „Grüne Wirtschaft (Green Economy) im Kontext von nachhaltiger Entwicklung und Armutsbekämpfung" sowie „Institutioneller Rahmen für nachhaltige Entwicklung" im Mittelpunkt.

US 48 Auch Continental United States (deutsch: „Kontinentale Vereinigte Staaten") genannt. Die 48 US-Bundesstaaten auf dem nordamerikanischen Kontinent, die gemeinsame Landgrenzen haben. Nicht enthalten sind Alaska, Hawaii und die amerikanischen Überseegebiete.

Versalzung Eine überhöhte Anreicherung von wasserlöslichen Salzen im Boden. Natürlich vorkommendes Grundwasser oder Flusswasser enthält immer einen Anteil an gelösten Bestandteilen, darunter auch Salze. In Trockengebieten wird Versalzung häufig durch Fehler in der Bewässerung verursacht. Mit dem

Wasser gelangen auch die in ihm gelösten Salze in den Boden. Wenn das Wasser verdunstet, bleiben die Salze zurück und reichern sich nach und nach im Boden an, bis der Boden schließlich versalzen ist und unfruchtbar wird. Übermäßige Düngung mit Mineraldüngern kann den Prozess beschleunigen, da sich hierbei durch Verdunstung ebenfalls Mineralsalze anreichern.

Wasserknappheit

> **physische** (physical water scarcity) Den Flüssen wird mehr als 75% ihres Wassers entnommen (vor allem in Zentralasien, Südindien, Nordafrika, im Mittleren Osten und im Westen der USA)

> **sich anbahnende physische** (approaching physical water scarcity) Mehr als 60% des Flusswassers wird entnommen.

> **wirtschaftliche** (economic water scarcity) Es gäbe genug Wasser, um den Bedarf zu befriedigen (den Flüssen wird weniger als 25% des Wassers entnommen), aber es fehlen die notwendigen Investitionen, damit die Menschen überhaupt Zugang zu Wasser haben (vor allem in Afrika, Südasien, Südamerika).

WBGU (Wissenschaftlicher Beirat der Bundesregierung Globale Umweltveränderungen) siehe Seite 122

Weltklimarat (Intergovernmental Panel on Climate Change, IPCC) Zwischenstaatliche wissenschaftliche Institution, die sich mit den Klimaveränderungen beschäftigt. Offizielle deutsche Bezeichnung: Zwischenstaatlicher Ausschuss für Klimaänderungen. Hauptaufgabe des IPCC ist es, Gründe und Auswirkungen der globalen Erwärmung zu beschreiben sowie Vermeidungs- und Anpassungsstrategien zusammenzutragen. Der Weltklimarat betreibt selbst keine Forschung, sondern trägt Forschungsergebnisse verschiedener Disziplinen zusammen, die er in sogenannten Sachstandsberichten veröffentlicht, an denen hunderte Klimaforscher aus aller Welt ehrenamtlich mitarbeiten. Diese Berichte sind seit Jahren Grundlage der politischen und wissenschaftlichen Diskussionen über den Klimawandel.

Wetter Die kurzfristigen Bedingungen in der Atmosphäre in einem bestimmten Gebiet. Im Gegensatz zur Entwicklung des Klimas ist die Wetterentwicklung stark von Zufallsprozessen geprägt und nur über kurze Zeiträume vorhersagbar.

World Resources Institute (**WRI**, deutsch: Weltressourceninstitut) Non-Profit-Organisation mit Sitz in Washington (D.C.), die international mit Regierungen, Wirtschaft und Zivilgesellschaft zusammenarbeitet, um die Umwelt zu schützen, ⇨ nachhaltige Entwicklung zu forcieren und die Lebensverhältnisse der Menschen zu verbessern. Am WRI arbeiten mehr als 100 Wirtschaftsanalysten, Ökonomen, Politikexperten und andere Wissenschaftler.

WWF (World Wide Fund for Nature), eine der größten internationalen Naturschutzorganisationen. Wurde 1961 als World Wildlife Fund in der Schweiz gegründet.

Literatur zur Vertiefung

Die Inhalte dieses Buches basieren auf dem Hauptgutachten des WBGU aus dem Jahr 2011:

Welt im Wandel. Gesellschaftsvertrag für eine Große Transformation.

Dieses und andere WBGU-Gutachten sowie deren Kurzfassungen, viele Fact-sheets, Politikpapiere und Abbildungen sind als kostenloser Download erhältlich unter http://www.wbgu.de.

Warum wir uns transformieren müssen

Alison, L. et al. (2011): *The Copenhagen Diagnosis. Updating the world on the latest climate science.* Elsevier, Oxford, UK.

Rockström, J. et al. (2009): *A Safe Operating Space for Humanity.* In: Nature 461, S. 472–475.

Schellnhuber, H. J. (1999): *„Earth System" Analysis and the Second Copernican Revolution.* In: Nature 402, Millenniums-Beiheft, C19-C23.

Schellnhuber, H. J. (2001): *Die Koevolution von Natur, Gesellschaft und Wissenschaft – Eine Dreiecksbeziehung wird kritisch.* GAIA 10, S. 258.

Schellnhuber, H. J.: *Stühlerücken auf der Titanic: Ist der Klimawandel noch beherrschbar?* Bertelsmann (erscheint vorauss. im Herbst 2013).

Wicke, L., Schellnhuber, H.J. & Klingenfeld, D. (2010): *Die 2°max-Klimastrategie – Ein Memorandum.* Lit-Verlag.

Die Erde in der Menschenzeit

BMU (2011): *Biologische Vielfalt. Materialien für Bildung und Information.* Sekundarstufe. Schülerarbeitsheft und Handreichung für Lehrkräfte (online verfügbar).

Engelhard, K. (Hg.) (2012): *Welt im Wandel. Ein Informations- und Arbeitsheft für die Sekundarstufe II.* Informationen zur Meinungsbildung, Reihe A: Politik, Band 8, Omnia-Verlag (online verfügbar).

Leinfelder, R. (2012): *Paul Joseph Crutzen, The „Anthropocene".* In: Leggewie, C., Zifonun, D., Lang, A., Siepmann, M. & Hoppen, J. (Hg.): Schlüsselwerke der Kulturwissenschaften, Edition Kulturwissenschaft, Band 7, Transcript-Verlag, S. 257-260.

Leinfelder. R.: *Der Anthropozäniker.* Blog bei Spektrum der Wissenschaft. http://www.scilogs.de/wblogs/blog/der-anthropozaniker

Leinfelder, R., Heiss, G. & Moldrzyk, U. (Hg.) (2008): „abgetaucht". Begleitbuch zur Sonderausstellung zum Internationalen Jahr des Riffes. Konradin Verlag Robert Kohlhammer (siehe auch http://www.abgetaucht.info).

Leinfelder, R., Schwägerl, C., Möllers, N. & Trischler, H. (2012): *Die menschengemachte Erde. Das Anthropozän sprengt die Grenzen von Natur, Kultur und Technik.* In: Kultur & Technik 2/2012, S. 12-17 (online verfügbar).

Schwägerl, C. (2012): *Menschenzeit. Zerstören oder gestalten? Wie wir heute die Welt von morgen erschaffen.* Goldmann.

Streckenbach, U. (2011): *Umweltschutz als Kunst. Überfischung der Meere.* Animiertes Video (online verfügbar).

WBGU (2009): *Die Zukunft der Meere. Zu warm, zu hoch, zu sauer.* Sondergutachten (online verfügbar).

WBGU: *Nachhaltige Meere* (Arbeitstitel). Hauptgutachten (erscheint vorauss. im Frühjahr 2013).

Zalasiewicz, J. (2009): *Die Erde nach uns: Der Mensch als Fossil der fernen Zukunft.* Spektrum/Akademischer Verlag.

Heiße Sache: Klimawandel

Archer, D. & Rahmstorf, S. (2010): *The Climate Crisis.* Cambridge University Press.

European Climate Foundation: *Klimafakten.* http://www.klimafakten.de

Rahmstorf, S. (2011): *Wolken, Wind & Wetter. Alles, was man über Wetter und Klima wissen muss.* Ein Kinder-Uni-Buch. DVA Sachbuch.

Rahmstorf, S.: *Klimalounge.* Blog bei Spektrum der Wissenschaft. http://www.scilogs.de/wblogs/blog/klimalounge

Rahmstorf, S. & Richardson, K. (2007): *Wie bedroht sind die Ozeane?* Fischer Taschenbuch.

Rahmstorf, S. & Schellnhuber, H. J. (2012, überarb. Aufl.): *Der Klimawandel - Diagnose, Prognose, Therapie.* C.H. Beck.

WBGU (2009): *Kassensturz für den Weltklimavertrag. Der Budgetansatz.* Sondergutachten (online verfügbar).

So blöd sind wir gar nicht. Blick auf die Vergangenheit

Beck, U. (2006): *Living in the World Risk Society.* In: Economy and Society 35, S. 329–345.

Bertelsmann-Stiftung (2010): *Bürger wollen kein Wachstum um jeden Preis* (online verfügbar).

Jonas, H. (1979): *Das Prinzip Verantwortung: Versuch einer Ethik für die technologische Zivilisation.* Suhrkamp.

Leggewie, C. & Messner, D. (2012): *The low carbon transformation from a social science perspective.* In: Journal of Renewable and Sustainable Energy 4/2012.

Leggewie, C., Messner, D. & Schellnhuber, H.J. (2012): *Nachhaltiges Wirtschaften. Zeit für Pioniere. Rio ist gescheitert, der Umbau zu einer nachhaltigen Wirtschaft nicht. Gesellschaft, Wissenschaft und Unternehmen sind weiter als die Politik.* ZEIT online, 25.06.2012 (online verfügbar).

Messner, D. (2010): *Wie die Menschheit die Klimakrise meistern kann – Ein optimistisches Essay.* Bundeszentrale für politische Bildung (online verfügbar).

Messner, D. (2012): *Drei Wellen globalen Wandels. Global Governance in der ersten Hälfte des 21. Jahrhunderts.* In: Welzer, H. & Wiegandt, K. (Hg.): Perspektiven nachhaltiger Entwicklung. Fischer Verlag, S. 275-307.

Messner, D. et al. (Hg.) (2009): *Globale Trends 2010: Frieden – Entwicklung – Umwelt.* Fischer Taschenbuch.

Osterhammel, J. (2009): *Die Verwandlung der Welt. Eine Geschichte des 19. Jahrhunderts.* C.H. Beck.

Technisch geht alles

Gerhardt, N. et al. (2011): *Speichertechnologien als Lösungsbaustein einer intelligenten Energieversorgung – Fokus Strom-Gasnetzkopplung.* E-World energy & water – Smart Energy. Vortragsfolien (online verfügbar).

Gerhardt, N. et al. (2011): *Die Speicheroption Power-to-Gas. Ausgleichs- und Integrationsmaßnahmen für EE.* 7. Sitzung des VKU-Landesgruppenvorstands Bayern, Verband kommunaler Unternehmen e. V., Vortragsfolien (online verfügbar).

Weitere Vortragsfolien zum Thema vom Fraunhofer Institut unter http://www.iwes.fraunhofer.de/de/publikationen.html.

Sterner, M. (2012): *Eine Energiewende mit Versorgungssicherheit ist möglich. Technische und strategische Aspekte. Nachhaltigkeit – Basis unserer Zukunft.* Münchner Wissenschaftstage 2012, Vortragsfolien (online verfügbar).

Weitere Vorträge von den Münchner Wissenschaftstagen 2012 zum Thema unter http://www.muenchner-wissenschaftstage.de/2012/download/index.html

Eine Aufgabe für die ganze Welt

Bauer, S. (2009): *Weltpolitik in aufgeheizter Atmosphäre: Frieden und Sicherheit in Zeiten des Klimawandels und der Multipolarität.* In: Die Friedens-Warte: Journal of International Peace and Organization 84 (2), S. 45-70.

Biermann, F. & Siebenhüner, B. (Hg.) (2009): *Managers of Global Change. The Influence of International Environmental Bureocracies.* Massachusetts Institute of Technology.

The Economics of Ecosystems and Biodiversity (TEEB) (Kurzberichte online verfügbar über die Homepage des Bundesministeriums für Umwelt und Naturschutz: www.bmu.de).

BÖLW – Bund für Ökologische Lebensmittelwirtschaft (2010): *Zahlen, Daten, Fakten. Die Bio-Branche 2010* (online verfügbar).

Caldeira, K. et al. (2004): *A portfolio of carbon management options*. In: Field, C. B. & Raupach, M. R. (Hg.): The Global Carbon Cycle: Integrating Humans, Climate and the Natural World. Island Press, S. 103–129.

IIASA (2012): *Global Energy Assessment. Towards a Sustainable Future* (Zusammenfassung online verfügbar).

Nakićenović, N., Grübler, A. & McDonald, A. (Hg.) (1998): *Global Energy Perspectives*. Cambridge University Press.

Wer soll das bezahlen?

Blasch, J., Bening, C. & Schubert, R. (2011): *Ökologische und soziale Dimensionen staatlicher Konjunkturprogramme*. In: Wallacher, J. & Rugel, M. (Hg.): Die globale Finanzkrise als ethische Herausforderung. Kohlhammer, S. 66-82.

Kulichenko, N. & Wirth, J. (2012): *Concentrating Solar Power in Developing Countries: Regulatory and Financial Incentives for scaling up*. Eine Studie im Auftrag der Weltbank (online verfügbar).

Kristof, K. (2010): *Wege zum Wandel. Wie wir gesellschaftliche Veränderungen erfolgreich gestalten können*. Oekom-Verlag.

Schellnhuber, H. J., Hare, W., Serdeczny, O. et al. (2012): *Turn Down the Heat – Why a 4 °C Warmer World Must be Avoided*. Eine Studie im Auftrag der Weltbank (online verfügbar).

Schubert, R.: *ETH Klimablog*. http://blogs.ethz.ch/klimablog

WBGU (2012): *Finanzierung der globalen Energiewende*. Politikpapier 7 (online verfügbar).

Auch der Staat ist gefordert

Schlacke, S. (2010): *Klimaschutzrecht – ein Rechtsgebiet? Begriffliches, Systematik und Perspektiven*. In: Die Verwaltung 2010. Beiheft 11: Umwelt- und Planungsrecht im Wandel, S. 121-158.

Schlacke, S. (2012): *Verbraucherschutz im Umweltrecht*. In: Tonner, K. & Tamm, M. (Hg.): Verbraucherrecht. Beratungshandbuch. Nomos Verlag, S. 79-95.

Schlacke, S. & Kröger, J.: *Der Beitrag des Rechts der erneuerbaren Energien zur Energiewende*. In: Felix Ekardt (Hg.): Energiewende (erscheint 2013).

Schlacke, S. & Much, S. (2010): *Rechtsprobleme der CO_2-Sequestrierung*. In: Schweizerische Zeitschrift für internationales und europäisches Recht (SZIER/RSDIE) 3/2010, S. 287-309.

Die Politik schafft das nicht allein

Kristof, K. (2010): *Wege zum Wandel. Wie wir gesellschaftliche Veränderungen erfolgreich gestalten können.* Oekom-Verlag.

Leggewie, C. (2010): *Mut statt Wut: Aufbruch in eine neue Demokratie.* Edition Koerber-Stiftung.

Leggewie, C. & Welzer, H. (2009): *Das Ende der Welt, wie wir sie kannten. Klima, Zukunft und die Chancen der Demokratie.* S. Fischer.

Leinfelder, R. (2010): *Wir lieben nur, was wir kennen.* Frankfurter Allgemeine Zeitung, 2.2.2010 (online verfügbar).

Bundesministerium für Bildung und Forschung (2012): *Wissenschaftsjahr 2012 – Zukunftsprojekt Erde:* http://www.zukunftsprojekt-erde.de/

Prinzessinnengärten: *Urbane Landwirtschaft.* http://prinzessinnengarten.net/

Weiteres

Video-Seminar *World in Transition* zu allen Themen des vorliegenden Buches durch die WBGU-Beiräte in 11 Vorlesungs- und Diskussionsblöcken unter http://wit.va-bne.de

Quellen

S. 18 Planetarische Leitplanken. Nach: Rockström, J. et al.: „A safe operating space for humanity". In: Nature 461, 2009. Siehe auch: http://www.nature.com/nature/journal/v461/n7263/fig_tab/461472a_F1.html#figure-title

S. 28 Fleischverzehr. Quelle: Keeping Track of Our Changing Environment: From Rio to Rio+20 (1992-2012). Division of Early Warning and Assessment (DEWA), United Nations Environment Programme (UNEP), Nairobi, 2011. Siehe auch: http://www.unep.org/geo/pdfs/Keeping_Track.pdf

S. 30 Öl- und Gasvorkommen. Quelle: The Association for the Study of Peak Oil and Gas (ASPO), Newsletter No. 38, Februar 2004. Siehe auch: http://www.peakoil.net/Newsletter/NL38/Newsletter38.html

S. 32 Wasserknappheit. Quelle: UNESCO: The 3rd United Nations World Water Development Report: Water in a Changing World, 2009. Siehe auch: http://webworld.unesco.org/water/wwap/wwdr/wwdr3/pdf/WWDR3_Water_in_a_Changing_World.pdf

S. 33 Todeszonen entstehen. Nach: Dan Swenson in The Times Picayune 2007. Siehe auch: http://blog.nola.com/times-picayune/2007/06/despite_promises_to_fix_it_the.html

S. 33 Todeszonen in Europa. Siehe: http://earthobservatory.nasa.gov/IOTD/view.php?id=44677

S. 35 Kipppunkte Algenriff. Grafik: Reinhold Leinfelder 2012.

S. 38 Kohlenstoffkreislauf. Quelle: Wissenschaftlicher Beirat Globale Umweltveränderungen (WBGU). Siehe http://www.wbgu.de/uploads/media/4.1-1.jpg

S. 38 Treibhauseffekt. Nach: Kevin E. Trenberth, John T. Fasullo und Jeffrey Kiehl: „Earth's global Energy budget". In: Bulletin of the American Meteorological Society, 2008. Siehe auch: http://www.cgd.ucar.edu/cas/Trenberth/trenberth.papers/10.1175_2008BAMS2634.1.pdf. Daten: IPCC 2007.

S. 39 Globale Mitteltemperatur. Nach: Malte Meinshausen et al.: „Greenhouse-gas emission targets for limiting global warming to 2 °C", in: Nature 458, 2009. Siehe auch: http://www.iac.ethz.ch/people/knuttir/papers/meinshausen09nat.pdf

S. 40 Weltklimaerwärmung. Quelle: International Panel on Climate Change (IPCC): Fourth Assessment Report: Climate Change, 2007. Siehe auch: http://www.ipcc.ch/publications_and_data/ar4/wg1/en/figure-spm-6.html

S. 42 Flussdeltas. Quelle: IPCC: Fourth Assessment Report: Climate Change, 2007. Siehe auch: http://www.ipcc.ch/publications_and_data/ar4/wg2/en/xccsc3.html

S. 43 Meeresspiegel. Nach: Andrew C. Kemp et al.: Climate related sea-level variations over the past two millennia, PNAS 2011. Siehe auch: http://www.pik-potsdam.de/sealevel/en/images.html

S. 50 Weltbevölkerung. Quelle: Population Division of the Department of Economic and Social Affairs of the United Nations Secretariat: World Population Prospects: The 2010 Revision. Siehe: http://esa.un.org/unpd/wpp/index.htm und http://www.un.org/esa/population/publications/sixbillion/sixbillion.htm

S. 51 Schwellenländer: Nach: Die ZEIT, Nr. 22, 21.5.2008.

S. 56 Peace Parks: Nach: http://www.tfpd.co.za

S. 62 Erneuerbare Energien. Quelle: WBGU: Welt im Wandel. Gesellschaftsvertrag für eine Große Transformation, Berlin, 2011.

S. 63 Pumpspeicherkraftwerk. Nach: http://www.pskw.at/pumpspeicher-kraftwerk/funktionsprinzip

S. 63 Erdgas aus Ökostrom. Nach: Arbeitsgemeinschaft für sparsamen und umweltfreundlichen Energieverbrauch e. V. (ASUE). Siehe auch: http://asue.de/themen/umwelt----klimaschutz/grafiken/grafik_oekostrom_04.html

S. 70 Offshore Windplattform. Nach: Thomas L. Lee von Stanbury Resources. Inc.

S. 70 Airborne Windturbine. Nach: Altaeros Energies. Siehe auch: http://www.altaerosenergies.com

S. 70 Winddrachen. Nach: Stanford Report 2009. Siehe auch: http://news.stanford.edu/news/2009/june24/high-altitude-winds-062309.html

S. 73 Sahara. Quelle: Greenpeace. Siehe auch: www.greenpeace.de/themen/energie/nachrichten/artikel/400_milliarden_euro_fuer_wuestenstrom_kraftwerke/ansicht/bild

S. 74 Primärenergien global. Nach: Riahi, K. et al.: Global Energy Assessment. Towards a Sustainable Future, International Institute for Applied Systems Analysis (IIASA) 2012. Siehe auch: http://www. sustainableenergyforall.org/component/k2/item/download/ 46_60ad99d05ed07e6c49cff5eb02d2c967

S. 76 Maglev-Trasse. Nach: Yoshiki Yamagata, National Institute for Environmental Studies Japan (NIES) 2010. Siehe auch: http://www.nies.go.jp

S. 76 Röhren. Nach: Paul Michael Grant, Electric Power Research Institute (EPRI) 2010. Siehe auch: http://my.epri.com

S. 79 Konsum tierischer Nahrungsmittel. Nach: McMichael, A. J. et al. „Food, livestock production, energy, climate change and health". In: The Lancet, 370, 2007.

S. 79 Landbedarf. Nach: Atsuko Wakamiya: „Wie viel Fläche braucht ein Mensch um sich zu ernähren?". In: Ökologie & Landbau 159, 2011.

S. 82 Verstädterung. Quelle: Grübler, A. et al.: „Urban Energy Systems." In: Riahi, K. et al.: Global Energy Assessment. Towards a Sustainable Future, International Institute for Applied Systems Analysis (IIASA) 2012.

S. 82 Höhere Bildung. Quelle: W. Lutz, A. Goujon, S. K.C. und W. Sanderson: Reconstruction of populations by age, sex and level of educational attainment for 120 countries for 1970-2000. Vienna Yearbook of Population Research 2007, S. 193-235.

S. 82 Demokratisierung. Quelle: G. Modelski, T. Devezas, W. R. Thompson (Hrsg.): Globalization as Evolutionary Process – Modeling Global Change. Routledge, Abingdon 2008.

S. 82 Autokratie. Nach: Monty G. Marshall, Benjamin R. Cole: Global Report 2009. Conflict, Governance, and State Fragility. Center for Systemic Peace, Center for Global Policy, 2009. Siehe auch: http://www. systemicpeace.org/Global%20Report%202009.pdf

S. 86 Investitionen. Quelle: International Energy Agency (IEA) 2010 nach WBGU 2011.

S. 89 Naturkatastrophen. Quelle: Munich Re: Topics Geo. Naturkatastrophen 2011. Analysen, Bewertungen, Positionen, 2012. Siehe auch: http://www.munichre.com/publications/302-07224_de.pdf

S. 91 Investitionen nach Ländern und Branchen. Quelle: McKinsey 2009 nach WBGU 2011.

S. 92 Brutto-Stromerzeugung. Daten: AG Energiebilanzen e. V. (AGEB).

S. 93 Weltweite Devisenreserven. Quellen: World Gold Council, Bloomberg.

S. 94 Importabhängigkeit. Quelle: AG Energiebilanzen e. V. (AGEB).

S. 95 Arbeitsplätze nach Branche. Daten: DLR/DIW/ZSW/GWS/Prognos 2012.

S. 99 Erneuerbare Energien. Daten: Bundesverband der Energie- und Wasserwirtschaft e. V. (BDEW): Energie. Wasser. Leben, 2012. Siehe auch: https://eco.ms/go/z9edl

S. 100 Wertstoffkreislauf. Nach: European Environment Agency (EEA): The European Environment State and Outlook (SOER) 2010. Material Resources and Waste. Siehe auch: http://www.eea.europa.eu/soer/europe/material-resources-and-waste

S. 102 CO_2-Preisverfall. Nach: Frankfurter Allgemeine Zeitung vom 17.4.2012. Siehe auch: http://www.faz.net/aktuell/wirtschaft/wirtschaftspolitik/klimaschutz-der-co2-ausstoss-wird-billig-11719914.html

S. 104 Kyoto-Ziele. Quelle: Bundeszentrale für politische Bildung. Siehe auch: http://www.bpb.de/nachschlagen/zahlen-und-fakten/globalisierung/52817/internationale-vertraege

S. 105 Investitionen in Erneuerbare Energien. Quelle: UNEP: Global Trends in Renewable Energy Investment, 2011. Siehe auch: http://fs-unep-centre.org/publications/global-trends-renewable-energy-investment-2011

S. 107 Indien. Quelle: Indisches Ministerium für Erneuerbare Energien (MNRE), Jahresbericht 2006-2007.

S. 112 Einschätzung Klimawandel. Quelle: World Values Survey 2009 nach WBGU 2011.

S. 113 Lebensqualität. Quelle: Bertelsmann-Stiftung 2010 nach WBGU 2011.

S. 115 Wertewandel. Quelle: Eurobarometer 2007 nach WBGU 2011.